Bodo R. V. Antonić

Verkaufsproduktivität

Prozesse im Einsatz

Verlag Wissenschaft & Praxis

Bibliografische Information der Deutschen Bibliothek

Die Deutsche Bibliothek verzeichnet diese Publikation in der Deutschen Nationalbibliografie; detaillierte bibliografische Daten sind im Internet über http://dnb.ddb.de abrufbar.

ISBN 978-3-89673-457-0

© Verlag Wissenschaft & Praxis
Dr. Brauner GmbH 2008
D-75447 Sternenfels, Nußbaumweg 6
Tel. 07045/930093 Fax 07045/930094

Alle Rechte vorbehalten

Das Werk einschließlich aller seiner Teile ist urheberrechtlich geschützt. Jede Verwertung außerhalb der engen Grenzen des Urheberrechtsgesetzes ist ohne Zustimmung des Verlages unzulässig und strafbar. Das gilt insbesondere für Vervielfältigungen, Übersetzungen, Mikroverfilmungen und die Einspeicherung und Verarbeitung in elektronischen Systemen.

Printed in Germany

Vorwort

Als ich im Jahr 2000 zum ersten Mal mit dem Begriff der Verkaufsprozesse konfrontiert wurde, waren schon mehrere Jahre im aktiven Verkauf bzw. in verkaufsnaher Arbeit vergangen. Schnell wurde die Potenz der Verkaufsprozesse deutlich und ich integrierte diese schnell in meine Arbeit. Als naturwissenschaftlich vorgeprägter Mensch traf der prozessorientierte linear-kausale Charakter der Verkaufsprozesse in das Zentrum meines Denkens. So konnte ich schnell die Vorgehensweise adaptieren und in meine Verkaufsmannschaften multiplizieren.

Unabhängig von den guten Erfolgen, die ich mit der Nutzung der Verkaufsprozesse erzielen konnte, war ich jedoch in ständiger Diskussion mit Freunden und Kollegen, wie die eingesetzten Verkaufsprozesse sowie der Umgang mit den Stolpersteinen der Realität – es ist nicht alles Gold was glänzt! – zu optimieren seien. Die größte Herausforderung – das Verständnis für die Funktionsweise der Verkaufsprozesse – erschloss sich mir jedoch erst nach und nach ab dem Jahr 2004. Ab diesem Zeitpunkt tauchte ich ein in die systemisch-konstruktivistische Weltanschauung, die mir einen vertieften Einblick in den vernetzten Charakter des zwischenmenschlichen Miteinanders erlaubte.

Die Kombination aus beiden Weltanschauungen prägt heute meine und die Arbeit des **„die kontur"**-Teams. Dabei kombinieren und mixen wir beide Systeme ganz ungeniert. Wir hoffen, dass mit dem vorliegenden Buch dem Leser die Instrumente der Verkaufsprozesse sich so besser erschließen und er – unabhängig davon ob er als Verkäufer, Verkaufsleiter oder Geschäftsführer tätig ist – somit in die Lage versetzt wird, seine Verkaufsproduktivität zu steigern. Wenn wir dadurch ein wenig zur Leistungssteigerung im Verkauf beitragen konnten, dann würde uns dies zur tiefen Freude gereichen, da ein leistungsstarker Vertrieb auch immer zur Sicherung von Arbeitsplätzen und zur Optimierung der Überlebensfähigkeit einer jeden Organisation beiträgt.

Die Anzahl der, das Thema Vertrieb und Verkauf betreffenden, deutschsprachigen Publikationen ist Legion. Wieso nun noch eine hinzufügen? Aus unserer Sicht war das vorliegende Buch von Nöten, da uns die bisher publizierten Werke entweder viel zu theoretisch erschienen oder aus unserer Sicht mehr der Werbebroschüre des publizierenden Beraters glichen, als dass sie wirklich der Lösung konkreter vertrieblicher Probleme dienten. So beschlossen wir die Erstellung eines Buches, welches versucht, sich an der Realität des B2B-Verkaufs zu orientieren. Genau für diese Menschen, die als Verkaufsleiter, Geschäftsführer, Vorstände, aber eben auch als Außendienstmitarbeiter und Key Account Manager im B2B-Umfeld arbeiten, ist dieses Buch geschrieben. Wir wollen dabei einem Menükellner gleich eine Speisekarte anbieten, die zum einen die Theorie, aber auch deren praktische Nutzung und Umsetzung beinhaltet. Wir möchten, dass dadurch Ihre Verkaufsproduktivität gesteigert wird, Sie aber auch ein erweitertes Verständnis dafür vermittelt bekommen, warum die Instrumente, die Sie produktiv im Verkauf einsetzen, überhaupt funktionieren.

Linthe, den 13. März 2008

Inhaltsverzeichnis

Einleitung 9
1. Präambel 11
   1.1 Die Win-Win-Strategie 11
2. Die Bedeutung des produktiven Verkaufs 15
3. Verkaufsprozesse 19
   3.1 Strategische Verkaufsprozesse 21
      3.1.1 Effektivität – das Richtige Tun 22
      3.1.2 Buying Center Modelle 23
      3.1.3 Das Eisbergmodell 27
      3.1.4 Die Konkurrenzbetrachtung 31
      3.1.5 Mut zur Entscheidung 32
      3.1.6 Die Road Map 34
   3.2 Taktische Verkaufsprozesse 35
      3.2.1 Effizienz – das Richtige richtig tun 35
      3.2.2 Kundenbedürfnisse verstehen 36
      3.2.3 Kaufbereitschaften erkennen 39
      3.2.4 Verbindlichkeit aufbauen 43
      3.2.5 Individuelle Alleinstellungsmerkmale 48
      3.2.6 Glaubwürdigkeit aufbauen 50
      3.2.7 Der richtige Zeitpunkt (der Angebotsabgabe) 51
      3.2.8 Fragetechniken 54
      3.2.9 Schweigen ist Gold 60
      3.2.10 C-Level-Selling 62
   3.3 Prozesse des Beziehungsmanagements 65
      3.3.1 Key Account Prozesse 66
      3.3.2 Schlüsselkunden-Management 70
         3.3.2.1. Das Fundament 71
         3.3.2.2. Das Arbeitsfeld 72
         3.3.2.3. Die Position beim Kunden 73
         3.3.2.4. Die Beeinflusser 74
         3.3.2.5. Verkaufserfolge 74
         3.3.2.6. Probleme und Lösungen 75
         3.3.2.7. Verlorene Verkaufsvorgänge 76
         3.3.2.8. Die richtigen Produkte 76

3.3.2.9. Die wahren Benefits 77
3.3.2.10. Die Beziehungspyramide 78
3.3.2.11. Die Situation des Kunden 82
3.3.2.12. Reputation und
 Glaubwürdigkeit 82
3.3.2.13. Verwundbare Flanke 83
3.3.2.14. Einzigartigkeit 85
3.3.2.15. Masterplan 86
  3.3.3   Bewertung von Key Accounts 86
  3.3.4   Das Promotorenmodell 87
  3.3.5   Channel Partner Prozesse 88

4. Ora et labora 91
  4.1 Frequenz –
      Die aktive Verkaufszeit optimal nutzen 93
      4.1.1   Verkaufsaktivitäten –
            Arten, Zeitbedarf und Prioritäten 93
  4.2 Verkaufstrichtermanagement 98
  4.3 Aktive Verkaufszeit 103

5. Schlüsselkennzahlen im Vertrieb 105

6. Einfluss des Vertriebsmanagements
auf die Produktivität 111
  6.1 Führung und Verkaufsproduktivität 113
  6.2 Management vs. Leadership 116
  6.3 Implementierung von Verkaufsprozessen 116
  6.4 Verkäuferpsychologie 119
  6.5 Mythos Motivation 122
  6.6 Preispolitik 123

7. Systemischer Vertrieb 125
  7.1 Systemische Kommunikationsmodelle 132
  7.2 Warum Verkaufsprozesse funktionieren 135

Quellenangaben 139

Einleitung

Erstaunlicherweise gibt es im deutschsprachigen Raum weitaus mehr Bücher das Thema Marketing als den Verkauf[1] betreffend, die das Prädikat „wissenschaftlich" für sich beanspruchen dürfen. Gute „Vertriebsbücher" sind aus unserer sicherlich sehr subjektiven Sicht eher Mangelware. Oftmals wird in den einschlägigen Marketinglehrbüchern der Vertrieb als ein Teil des Marketingmixes (Kommunikationsmix) dargestellt, über den es in der Regel nicht mehr als 20 Seiten zu verschwenden gilt. In unserer Praxis stellt sich dies jedoch anders dar. Der Vertrieb bzw. Verkauf ist dem deutschen Modell[2] des Marketings zufolge eine von zwei zentralen Leistungssäulen, die die Vermarktung der erstellten Leistungen und Produkte ermöglichen. Im Zeitalter der heute zumeist vorherrschenden Käufermärkte erscheint uns diese Sichtweise weitaus konstruktiver und für die realen Gegebenheiten passender zu sein.

Wer oder was dieses Prädikat des „guten Verkaufshandbuchs" für sich beanspruchen darf und ob dieses dazu gereicht, dem Leser einen wertvollen Lesestoff mit nutz- und umsetzbarem Wissen zu vermitteln, möge ein jeder bitte selbst beurteilen. Wir jedoch distanzieren uns aufs deutlichste von der durchaus populistischen Vertriebsliteratur, in der dem Leser ein Bild vermittelt wird, dass er alles erreichen könne, solange er nur fest daran glaubt. Dieses Buch soll und wird die wissenschaftlich empirisch fundamentierten Grundlagen in bisweilen theoretisierender und abstrakter Form aufzeigen, um diese dem Fachmann zu vermitteln, der sich den Herausforderungen seines Berufes zu stellen gedenkt. Die Praxis soll und wird jedoch nicht zu kurz kommen, da es unsere Zielsetzung ist, den Fachmann bei der Umsetzung der theoretischen Konzepte in die Praxis zu unterstützen.

1. Präambel

Die Grundlage unseres Gedankengebäudes sind die Gleichberechtigung der Kommunikationspartner Abnehmer und Anbieter, Kunde und Verkäufer. Dieser Grundgedanke lässt sich in dem in den 70er Jahren erstmalig publizierten Harvard-Konzept[3], der Win-Win-Strategie, zusammenfassen. Dieses Konzept basiert auf der Grundannahme der Gültigkeit dreier Prinzipien:

Harvard-Konzept

- Sinnvolle Verhandlungen müssen eine vernünftige Übereinkunft generieren (Effektivitäts-Prinzip),
- Das Effizienz-Prinzip muss gewahrt bleiben,
- Nachhaltigkeit muss dahingehend gewährleistet sein, dass sich das Verhältnis der beiden Parteien durch den zustande gekommenen Vertrag verbessert hat.

Diese Grundsätze verbieten – so man sich ihnen unterwirft – sämtliche verkäuferischen Strategien und Taktiken, die ein aggressiv-invasorisches Potential in der Wahrnehmung des Kunden erzeugen könnten. Eingedenk der bisweilen „kriegerischen" Verkaufssprache („ich habe den Auftrag geschossen", „Marktanteile erobern", „Märkte penetrieren, um eine Vormachtstellung im Bewusstsein des Kunden zu erobern") – derer wir uns selbst leider viel zu oft befleißigen – erscheint es uns so, als ob der Verkauf noch deutlich davon entfernt zu sein scheint, wirklich kundenorientiert zu arbeiten. Ein Lob denen, die das bereits erfolgreich für sich umgesetzt haben.

Militärische Sprache

Credo ut intelligam.

"Ich glaube, um zu wissen (erkennen)."

Anselm von Canterbury

1.1 Die Win-Win-Strategie

Konflikte werden gerne mittels zweier Varianten gelöst. Entweder gewinnt der Eine („der Mächtigere") oder eben halt ein Anderer. Das alljährliche Theater der gewerkschaftlichen Lohnforderungen[4] und der sich nahezu automatisch ergebenden Antwort der Arbeitgeberverbände verdeutlicht die Mechanismen dieses Melodrams. Beide Optionen stellen Lösungen nach dem Gewinner-Verlierer-Modell dar. Entweder gibt es einen offensichtlichen Verlierer, oder im Falle eines Kompromiss, verliert ein jeder die Hälfte seines Anspruches (oder war es doch sein Gesicht?). Kompromisse werden damit zumeist als „unsexy" eingestuft, führen zu Folgekonflikten, Revanchen und einem gering ausgeprägten Glauben an die Sinnhaftigkeit dieser Übereinkünfte. Notfalls akzeptiert man den Kompromiss, auf dass es wenigstens dem Anderen auch nicht besser ergehe. Die Soziologie spricht hier im Rahmen der Tauschtheorie[5] von einem „antagonistischen Tausch". In der Spieltheorie[6], einem Modell der Volkswirtschaftslehre zur Entwicklung von Entscheidungsmatrices, ist diese Entwicklung als „Minimax-Prinzip" bekannt.

Eben den nahezu oppositären Weg geht die Win-Win-Strategie. Sie fußt eben nicht auf der Annahme, dass Verhandlungen genau so zu führen sind, dass ein Optimum für die eigenen Belange herauszuhandeln sei. Dies hat einige wichtige Implikationen für den Verkauf. Dieser Theorie zu folgen, würde bedeuten, dass der bisweilen zu beobachtende – teilweise auch ruinöse – Preisdruck mächtiger Marktteilnehmer (z. B. die OEMs in der Automobilindustrie, die „Kampfpreise" von ihren Lieferanten fordern) eben keine sinnige Einkaufsstrategie darstellt. Ebenso bedeutet es aber auch für den Leistungsanbieter, dass er nicht zu jedem Preis bzw. Auftrag ja sagt.

Der Leser mag sich denken, dass dies der Kategorie „altruistische und schöngeistige Forderungen" zuzuschreiben ist. Bisweilen müssen wir ihm auch diesbezüglich Recht geben. Aber – und diese Aussage ist fundamental – ist es nicht die Aufgabe von uns Allen, die wir im Verkauf tätig sind, eben genau diese Prinzipien zu leben, auf dass die Pluralität des Marktes – viele Kunden, viele Anbieter – gewahrt bleibt? Und was passiert denn anderes als eine Verarmung an Pluralität, wenn Anbieter durch nicht „sinnvolle" Preise in die Insolvenz getrieben werden bzw. ausbleibende Unternehmensgewinne Produktneuentwicklungen unterbinden, da für die Forschungs- und Entwicklungsarbeit keine liquiden Mittel mehr zur Verfügung gestellt werden können?

„Verliert" der Kunde (durch z. B. nicht zurechtfertigende, weil zu hohe, Preise), ist er in seiner Existenz gefährdet oder er „stirbt" als Kunde, indem er nicht mehr kauft. Dies „tötet" irgendwann die Anbieter von Produkten und Dienstleistungen. Diese wechselseitige Abhängigkeit von Kunde und Leistungsanbieter verpflichtet nach unserem Dafürhalten alle Vertragsparteien zur Kooperation.

Es gibt keine Alternative zur Win-Win-Strategie.

Es gibt keine Alternative zur Kooperation.

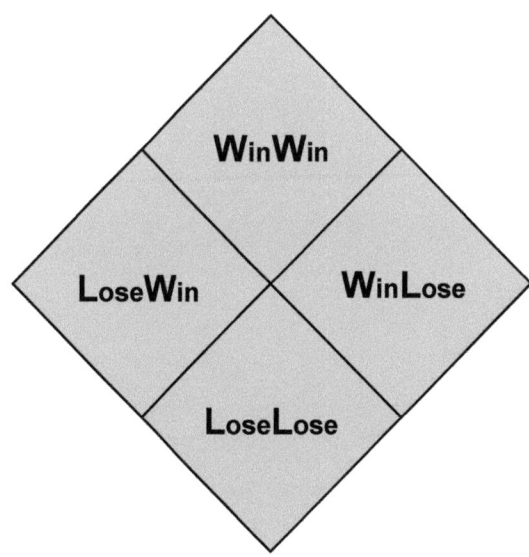

Abbildung 1: Die Win-Win-Matrix

Zur Erläuterung: Der unterste Quadrant wird in der Literatur als der „magische Quadrant" bezeichnet, da er einem Magneten gleich eine Großzahl der Verkaufsprojekte anzieht. Er gewinnt seine Anziehungskraft aus der Potenz der beiden mittleren Quadranten. Diese sind durch eine deutliche Asymmetrie in der Kundenbeziehung und dem Versuch, die Gegenseite zu übervorteilen, geprägt. Dies wird zu Preisdumping oder auch dem Gegenteil – nicht marktadjustierten Preisen – führen. Über kurz oder lang verabschiedet sich damit entweder der Anbieter durch Insolvenz aus dem Markt – ruinöser Preiswettkampf – oder der Abnehmer wendet sich enttäuscht vom Anbieter ab und befördert diesen so in die Insolvenz. Dies führt im Extremfall zu monopolistischen Stellungen, die die Kräfte des pluralistischen Marktes aushebeln.

So gesehen kann es für alle Marktteilnehmer nur eine vernünftige Haltung geben. Diese wird durch den obersten Quadranten – den sogenannten Jointventure-Quadranten graphisch symbolisiert.

2. Die Bedeutung des produktiven Verkaufs

Der Verkauf und seine Instrumente dienen der Vermarktung marktreifer Leistungen[7]. Im Zusammenspiel mit den verschiedenen Marketinginstrumenten, z. B. Marktforschung, Distributions- und Preispolitik, sorgt der Verkauf für die Sicherung und den Ausbau der Umsatzströme und trägt damit entscheidend zur Überlebensfähigkeit eines jeden wirtschaftlich tätigen Subjektes bei. Im Gegensatz zu der oftmals deutlich formulierten bzw. implizit vermittelten Meinung, dass der Verkauf sich rein auf die aktuell zu vermarktenden Leistungen zu konzentrieren hätten, sind wir der Überzeugung, dass der Verkauf ausdrücklich dazu aufzufordern ist, sich bzgl. der durch den Kunden zukünftig benötigten Leistungen einzubringen.

Der Verkauf, repräsentiert durch den oder die Außendienstmitarbeiter und das dazu gehörende Management, – man möge uns an dieser Stelle die militärische Metapher verzeihen – die Vorhut des Unternehmens, die einem Aufklärer und Fremdspäher gleich die „feindlichen Linien" zu infiltrieren hat. Wir benutzen dabei dieses Bild nicht um seiner militärisch-invasiven Natur willen, von der wir uns als vertrieblich kontraproduktiver Grundhaltung deutlich distanzieren. Wir formulieren an dieser Stelle so, weil wir davon fest überzeugt sind, dass der Vertrieb der Teil eines Unternehmens ist, der am dichtesten am Kunden dran ist und seine Wünsche am besten kennt. Es ist wissenschaftlich belegt[8], dass die Aussagen, die der Vertrieb über den Kunden zu treffen imstande ist, keine signifikante und relevante Abweichung zu den Aussagen der vermeintlich objektiveren Marktforschung erkennen lässt.

Von diesen grundsätzlichen Überlegungen ausgehend, ist die Bedeutung der Produktivität im Verkauf offensichtlich. Sie entscheidet zusammen mit den anderen Leistungsabteilungen des Unternehmens über Wohl und Weh und die wirtschaftliche Überlebensfähigkeit der Organisation. Die volkswirtschaftlichen Effekte auf die Themata Arbeitsplatzsicherheit und Steueraufkommen seien an dieser Stelle nicht diskutiert. Doch was macht eine Verkaufsmannschaft produktiv, wie ist diese Produktivität zu definieren bzw. ggf. zu messen?

Wir offerieren an dieser Stelle eine Definition, die nicht den Anspruch wissenschaftlicher Exaktheit erhebt, dafür jedoch von hoher praktischer Relevanz ist. Die niedergelegte Formel soll durch den Leser bitte nicht im Sinne einer mathematischen Gleichung verstanden werden, die mathematischen Operanden der Multiplikation sind lediglich als Ausdruck der Verknüpfung der einzelnen Faktoren zu verstehen.

Definition

Produktivität im Verkauf ≡

Effektivität × Effizienz × Frequenz

Wir folgen an dieser Stelle der aus unserer Sicht konstruktiven Definition von Effektivität von Peter F. Drucker[9]. Dieser definiert Effektivität als die Fähigkeit das Richtige zu tun, hingegen Effizienz als der Faktor angesehen wird, der einen das Richtige auch richtig durchführen lässt. Damit lehnt er sich an die ehemals militärisch geprägte Definition an, Strategie sei die Kunst das Richtige zu tun, hingegen die Taktik die Kunst das Richtige auch richtig zu tun. Nun wird dem Leser an dieser Stelle der dritte Faktor – die Frequenz – auffallen und manch einer von Ihnen mag denken, dass es als ein Teil der Effizienz anzusehen ist, dass die richtigen Dinge auch mit der notwendigen bzw. optimalen Frequenz durchzuführen sind. Wir möchten an dieser Stelle dabei nicht widersprechen, sondern lediglich durch das gezielte Hervorheben die Aufmerksamkeit des Lesers auf diesen Aspekt fokussieren, der in der Literatur als profan behandelt wird bzw. dessen Geringschätzung durch die, aus unserer Sicht sträfliche, Missachtung implizit zum Ausdruck gebracht wird. Erst das hochfrequente Tun der richtigen Dinge auf die richtige Art und Weise lässt den Vertrieb Produktivität erzeugen. Die 2005 publizierten Daten der Unternehmensberatung Proudfoot[10] zeigen auf deutliche Art und Weise, in welcher leichtfertigen Form Produktivität im Vertrieb verschenkt wird. Letztendlich – und diese Erkenntnis ist sowohl banal wie auch bekannt – steht vor der Leistung das Tun, die Arbeit. Doch verwundert es dann umso mehr, dass diesem unproduktiven „Nicht-Handeln" im Vertrieb nicht an geeigneter Stelle Einhalt geboten wird. Mehr dazu können Sie im Kapitel „Die aktive Verkaufszeit optimal nutzen" lesen.

3. Verkaufsprozesse

Im folgenden Kapitel werden wir versuchen, dem Leser das Herzstück unserer Arbeit näher zu bringen – die Verkaufsprozesse. Wir unterscheiden dabei drei Prinzipien von Verkaufsprozessen.

- Strategische Verkaufsprozesse
- Taktische Verkaufsprozesse
- Verkaufsprozesse des Beziehungsmanagements

Die von uns als taktisch benannten Verkaufsprozesse sind im Zusammenspiel mit den strategischen die Instrumente, die für das „Alltagsgeschäft" im Verkauf geeignet sind. Mit den letztbenannten Verkaufsprozessen des Beziehungsmanagements beschreiben wir die aus unserer Sicht relevanten Prinzipien, die für den Bereich des Key Account Managements und des Channel Partner Managements geeignet sind.

Nach unserem Dafürhalten sind die taktischen Verkaufsprozesse für zwei entscheidende Bereiche des Verkaufs anwendbar.

- Erzeugung von „Leads"[23]
- Erzeugung von „Opportunities"

Den strategischen Verkaufsprozessen kommt dabei im Wesentlichen die Aufgabe des Opportunity-Managements zu. Somit überschneiden sich taktische und strategische Verkaufsprozesse in ihrem Wirkungskreis dahingehend, dass die taktischen Verkaufsprozesse als Unterinstrument der strategischen Verkaufprozesse betrachtet werden können.

Opportunity-Management

Auch wenn wir im Sinne einer *ab initio*-Betrachtung die Beschreibung der Verkaufsprozesse mit den taktischen beginnen könnten, starten wir mit dem Thema der strategischen Prozesse, da hier nach unserem Dafürhalten der größere Nachholbedarf für die meisten Verkaufsmannschaften vorhanden sein dürfte.

Zu guter letzt gehen wir auf die dritte Gruppe der Verkaufsprozesse ein, deren Ziel nicht ein konkretes Verkaufsziel ist, sondern die zum Aufbau bzw. zur Optimierung langandauernder und hochproduktiver Beziehungen zu Key Accounts bzw. Handelspartner dienlich sind.

In der Literatur[11,12] finden sich einige Hinweise zu der Natur und Struktur der Verkaufsprozesse. Die uns bekannten Beschreibungen zielen dabei auf eine prozessuale Vorgehensweise ab, die nach unserem Dafürhalten zwar inhaltlich richtig ist, jedoch für den vertrieblichen Alltag unserer Meinung wenig geeignet ist.

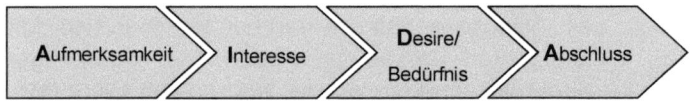

Abbildung 2: Klassische Darstellung des AIDA-Prinzips

So ist es z. B. durchaus als vernünftig zu bezeichnen, dass der Verkäufer in einem der ersten Schritte die Aufmerksamkeit des Käufers zu wecken hat, jedoch wie das zu geschehen hat und wer in seiner ganzen Komplexität der Käufer zu sein mag (siehe unten: Buying Center Modelle) bzw. ob bei dem Kunden überhaupt eine Kaufbereitschaft besteht, all das wird schlichtweg im Sinne einer zu großen Komplexitätsreduktion vernachlässigt. Solche Verkaufsprozesse sind daher nach unserem Dafürhalten als ungeeignet einzustufen. Des Weiteren ist ihnen aus unserer Sicht anzulasten, dass diese Verkaufsprozesse vereinfachend von einer Grundidee ausgehen, die den Kunden auf unzulässige Art und Weise ausblendet. Es ist implizit den Modellen zu entnehmen, dass der Verkäufer nur alles im Sinne des jeweiligen Verkaufsprozesses „richtig" zu machen habe, so dass der Kunde letztendlich einer Marionette gleich automatisch dem Kaufvorgang zustimmen würde. Dies ist jedoch sowohl theoretisch als auch empirisch bestenfalls dem Land der Wünsche und Träume zuzuschreiben. Fakt ist, dass der Kunde sehr wohl ein Recht auf freie

Entscheidung hat und dieses auch in vielen Fällen beherzt ausübt. Damit sind für den Verkäufer und den Verkaufsleiter simple Wahrheiten dieser Couleur als unbrauchbar einzustufen.

3.1 Strategische Verkaufsprozesse

Strategische Verkaufsprozesse dienen einem Zweck – dem Management von Opportunities. Dabei fungieren sie wie ein Indikatorsystem, welches dem Verkäufer und dem Verkaufsleiter signifikante Hinweise geben soll, ob diese Verkaufsgelegenheit intensiv weiter betreut wird oder ob man diese zu Gunsten einer anderen deselektieren sollte. Es sind strukturierte Arbeitshilfen, die – durch die Vereinheitlichung der benutzten Sprache und den Nutzen eines gemeinsamen Verkaufs-Workflows – den Verkauf zu optimieren imstande sind.

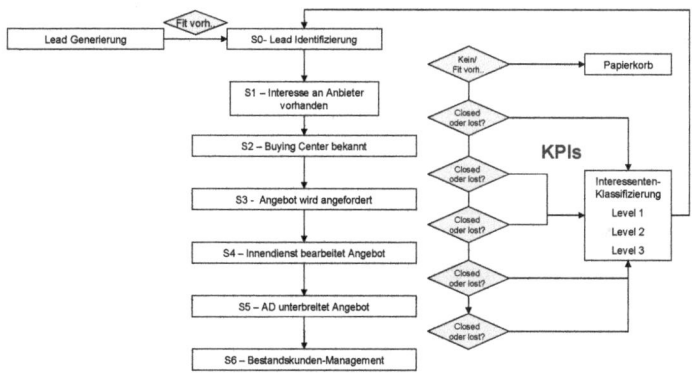

Abbildung 3: Typisches Beispiel für Investitionsgüterverkauf

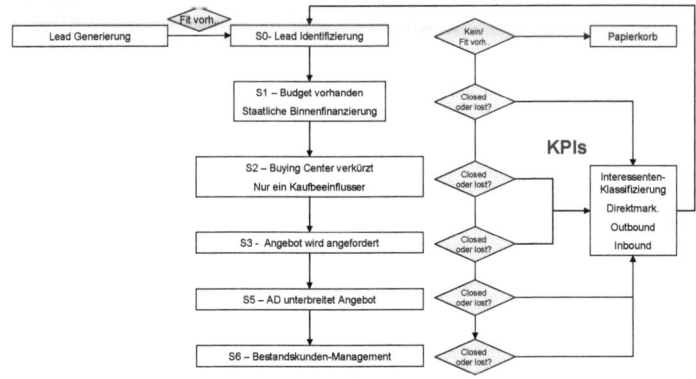

Abbildung 4: Beispiel für einen „verkürzten Verkauf",
hier am Beispiel des Gesundheitsmarktes

3.1.1 Effektivität – das Richtige Tun

Vom Management der Opportunities

Nun stellt sich an dieser Stelle sicherlich die Frage nach dem, was angeblich richtig ist. Wir möchten an dieser Stelle darlegen, was aus unserer subjektiven Sicht richtig ist. Wir erheben damit nicht den Anspruch der Vollständigkeit und stellen unsere Aussagen auch nicht als absolute Wahrheiten dar. Vielmehr möchten wir die von uns dargestellten Aussagen lediglich als aus unserer Sicht und Erfahrung konstruktive Beiträge im B2B-Umfeld verstanden wissen, die die Verkaufsproduktivität zu steigern imstande sind.

Die fünf Leistungssäulen des richtigen Tuns

- Buying Center Modelle
- Das Eisbergmodell
- Die Konkurrenzbetrachtung
- Mut zur Entscheidung
- Die Road Map

„Der Krieg in seinen höchsten Bestimmungen besteht nicht aus einer unendlichen Menge kleiner Ereignisse, die in ihren Verschiedenheiten sich übertragen, und die also durch eine bessere oder schlechtere Methode besser oder schlechter beherrscht würden, sondern aus einzelnen, großen, entscheidenden, die individuell behandelt sein wollen. Es ist nicht ein Feld voll Halme, die man ohne Rücksicht auf die Gestalt der einzelnen mit einer besseren oder schlechteren Sense besser oder schlechter mäht, sondern es sind große Bäume, an welche man die Axt mit Überlegung, nach Beschaffenheit und Richtung eines jeden einzelnen Stammes angelegt sein will."

Carl von Clausewitz

Carl von Clausewitz gilt neben Napoleon und Moltke als einer der Begründer der modernen Strategielehren.

3.1.2 Buying Center Modelle

Das Rumpfstück, einer Wirbelsäule gleich, ist neben dem personenzentrierten Eisbergmodell (bzw. Maslow'sche Pyramide) die Idee des Buying Centers. Diese „Einkaufsstelle" eines Unternehmens bzw. einer Organisation bezeichnet eine Einzahl oder Mehrzahl von Personen, die an dieser konkreten Kaufentscheidung beteiligt sind. Der Zusatz der „konkreten einzelnen Kaufentscheidung" ist von Bedeutung, da dieser die variable Zusammensetzung des Buying Centers reflektiert.

Für jedes Verkaufsprojekt ist daher immer wieder aufs Neue das Buying Center zu bestimmen. Es gibt nichts Stetigeres als den Wandel. Buying Center ändern sich schneller als die Verkäufer und Sie bisweilen annehmen.

Verkaufstipp

Diese Gruppe setzt sich oftmals aus Mitarbeitern verschiedener Abteilungen und Funktionen zusammen. Ziel ist das Herbeiführen einer Kaufentscheidung, die sich für alle Beteiligten als die sinnvollste darstellt. Typischerweise sind diese Kaufbeeinflusser[13] in den Abteilungen des Einkaufs, den Abteilungen, die die zu kaufende Leistung anwenden sowie dem Management zu finden. Des Weiteren findet man in der Käuferorganisation bisweilen auch Vertreter der Rechtsabteilung, die die unterbreiteten Verträge prüfen.

Achten Sie darauf, dass Sie als Verkäufer bzw. als Verkaufsleiter immer das Buying Center „ihres" Kunden in Gänze in Erfahrung gebracht haben. Achten Sie dabei bitte insbesondere auf die Person bzw. Personen, die in ihrer Funktion bzw. Rolle eines „Entscheiders" oder „Budgetinhabers" einen Teil des Buying Centers darstellen. Diese in manchen Verkaufsorganisationen auch nicht untreffend als „Schecks" bezeichneten Kaufbeeinflusser sind für die endgültige Genehmigung des Kaufes zuständig.

Verkäufer neigen dazu eben genau diese Personen, die zumeist hierarchisch weiter oben angesiedelt sind, überhaupt nicht oder qualitativ bzw. quantitativ nicht hinreichend zu kontaktieren. Die Gründe sind oftmals in einer nicht ausreichenden Nutzung der Verkaufsprozesse zu sehen. Daneben spielen psychologische Effekte der Verunsicherung eine nicht unbedeutende Rolle. Im Kapitel Verkäuferpsychologie werden wir versuchen, uns diesem Thema zu nähern und einige Handlungstipps herauszuarbeiten.

Verkaufstipp	Achten Sie bei Ihrem Verkaufsprozess darauf, dass er ein auf Ihr Verkaufsumfeld passendes Buying Center Modell beinhaltet. Bedenken Sie, dass Kaufbeeinflusser auch außerhalb der Kundenorganisation sitzen können. Externe Berater, Lebenspartner und das soziale Umfeld beeinflussen die Wahrscheinlichkeit eines erfolgreichen Verkaufsabschlusses.

Ein aus unserer Sicht passendes Buying Center Modell zeichnet sich dadurch aus, dass es in übersichtlicher Form[14] alle für Sie relevanten Kaufbeeinflussertypen beinhaltet. Das Primat gilt hier den notwendigen Informationen, nicht den maximal erhältlichen Informationen. Das Buying

Center ist somit eine idealtypische Darstellung eines organisierten Kaufverhaltens und vor allem dann anzutreffen, wenn es sich um großvolumige Kaufentscheidungen handelt[15].

Was eine großvolumige Kaufentscheidung ist, kann je nach Unternehmen und Organisation und in Abhängigkeit der Rahmenbedingungen sehr unterschiedlich sein. Verdeutlichen Sie sich und Ihren Mitarbeitern, dass Sie an dieser Stelle niemals pauschalisiert vorgehen, sondern die erhältlichen Daten in Bezug zu Ihrem Kunden setzen.	**Verkaufstipp**

Welche Rollen sitzen nun üblicherweise im Buying Center? In der Literatur gibt es dazu verschiedene Angaben. Typischerweise sind Modelle mit 4[16] bzw. 5 Typen anzutreffen. In speziellen Fällen wie z. B. der Pharmazeutischen Industrie Deutschlands vor dem 1. April 2007[17], hat es sich jedoch vordergründig als vorteilhaft erwiesen, von einem verkürzten Buying Center auszugehen. So wurde an dieser Stelle, insbesondere im Verkaufsumfeld, von einem nahezu einstufigen Buying Center ausgegangen, indem der Arzt als Verordner die einzige kaufbeeinflussende Rolle einnahm.

Standardrollen[18,19]

Entscheider Budgetinhaber Scheck Budgetholder	Trifft die endgültige Entscheidung, kann gegen die Entscheidung der Anderen sein Veto einreichen; Definition nach Webster und Wind: Der Entscheider trifft letztendlich die Kaufentscheidung. Er ist oftmals Mitglied der Unternehmensleitung und hat aufgrund seiner Position entsprechende Macht.
Informationsselektierer[19]	Der Informationsselektierer (auch Wächter bzw. Türöffner) ist oftmals Assistent des Entscheidungsträgers und kontrolliert sowohl den internen als auch externen Informationsfluss, wodurch er indirekten Einfluss auf die Entscheidung ausübt.
Wächter Türsteher Gatekeeper	Kann sich in unterschiedlichsten Positionen wieder finden, von der Sekretärin bis hin zum Vorstandsassistenten; selektiert die Informationen, schützt den Entscheider vor Informationsflut
Technischer Einkauf Einkäufer[19]	Sitzt in der Beschaffung oder im Einkauf; achtet darauf, dass Minimalkriterien eingehalten werden; wird durch den Entscheider oftmals instrumentalisiert, um die Einkaufspreise zu optimieren. Der Einkäufer ist für die Wahl des Lieferanten und die Vorbereitung der Kaufverträge zuständig.
Anwender Nutzer	Sitzt in verschiedensten Abteilungen, je nach einzukaufender Leistung; Definition nach Webster: Der Benutzer wendet das zu beschaffende Produkt an. Oftmals initiiert er die Beschaffung des Produktes.
Beeinflusser[19]	Der Beeinflusser verfügt zumeist aufgrund seiner fachlichen Qualifikation über Informationen und Fachwissen, wodurch er bei der Beschaffungsentscheidung maßgeblich Einfluss nimmt.
Coach Fuchs graue Eminenz	Sorgt für den Fluss der vertrieblich notwendigen Information; fungiert als Türöffner

Tabelle 1: Überblick: Typen der verschiedenen Buying Center Modelle

Gute Verkäufer erkannten jedoch bereits frühzeitig die Vielschichtigkeit der Kaufbeeinflusser, indem sie zum Beispiel auch das ärztliche Personal als relevant einstuften und in ihre Verkaufsstrategie einbauten. Seit dem 1. April 2007 zeigt sich jedoch auf das deutlichste die Gefahr eines zwar leicht handhabbaren, jedoch aber auch unvollständigen Buying Centers. Die sträfliche Vernachlässigung der Krankenkassen als Kostenträger hat im Jahr 2007 bei einigen Pharmaunternehmen im deutschen Markt – einem der Hauptmärkte weltweit! – zu mehr als nur empfindlichen Verlusten geführt.

Wächterstrategien

Wächter sind einflussreiche Kaufbeeinflusser. Dahingehend gilt es, für sie gezielte Strategien zu entwickeln. Aufgrund der Komplexität der unterschiedlichen Verkaufsumgebungen ist es an dieser Stelle unmöglich, diese in Gänze zu beschreiben. Auf eines sei jedoch hier gezielt hingewiesen, da diese aus unserer Sicht ein mächtiges, die Verkaufsproduktivität positiv beeinflussendes Instrument darstellt.

Nutzen Sie den Wächter für sich! Versuchen Sie ihn zu Ihrem „Freund" zu machen. Dann wendet sich das abwehrende Potential dieser Kaufbeeinflussergruppe gegen Ihre Konkurrenz. Militärisch gesprochen gilt es die feindlichen Linien zu infiltrieren und die vorhandene „Maginot-Linie" dahingehend zu nutzen, indem man sich hinter ihr „verbarrikadiert" bzw. den Wächter in seiner Funktion als Koalitionspartner als Bollwerk benutzt. Dazu gilt es, den Kriterienkatalog des Wächters so zu beeinflussen, dass idealerweise nur noch Sie in der Lage sind, diesen zu erfüllen.

3.1.3 Das Eisbergmodell

Das Eisbergmodell ist neben der Maslow'sche Bedürfnispyramide, der Jungschen Farbtypologie und dem D.I.S.G.-Modell einer der gängigsten Ansätze, welcher es dem Verkaufsleiter und dem Verkäufer ermöglicht, die emotionalen und rationalen Beweggründe des Käufers zu verstehen.

Wir konzentrieren uns an dieser Stelle auf die Beschreibung des Eisbergmodells, da dieses in seiner einfachen Grundaussage den Realitäten des vertrieblichen Tuns Genüge leistet. Zudem lehnen wir die aus unserer Sicht oftmals vorhandene Verwechslung der Landkarte mit der Landschaft[20], so wie sie den anderen Modellen systemimmanent ist, ab. Des Weiteren – und dies ist aus unserer Sicht ein zentraler Einwand! – geht es nach unserem Dafürhalten nicht um die Definition des Kunden als R2D2- oder X3PO-Typen und einer sich daraus ergebenden Kommunikationsstrategie, die bestenfalls zur Öffnung des dritten Wurmlochs im siebten Phantasiequadranten dienlich wäre – man verzeihe uns den an dieser Stelle etwas despektierlichen Ton! – sondern um das Verständnis des Kunden als Menschen mit eben beiden Bedürfniswelten, emotionalen und rationalen. Diese sind durch aktives Fragen und Zuhören zu ermitteln. Bewusstes Nachfragen, gezieltes Einflechten der Kundenworte als Signal des Ihn-Verstehens sind notwendige kommunikative Teilstrategien, die aber an dieser Stelle nicht weiter betrachtet werden sollen. Dazu mehr in unseren Ausführungen im Kapitel „Effizienz – das Richtige richtig tun". Das Eisbergmodell fokussiert den Verkäufer bzw. den Verkaufsleiter in völlig ausreichender Form auf die beiden wesentlichen Punkte und ist neben den Buying Center Modellen die zweite Hauptsäule des vertrieblich relevanten richtigen Handelns.

Mit dem Eisbergmodell werden in mehreren wissenschaftlichen Teildisziplinen – und somit auch im Verkauf – Kommunikationsmodelle verbildlicht. Das Eisbergmodell ist dabei das gängigste Modell zur zwischenmenschlichen Kommunikation. Für die Verwendung in den Verkaufsprozessen reicht dieses völlig aus, für die Beschreibung der Kommunikation werden wir im weiteren Verlauf des Buches noch vertieft an anderer Stelle auf die Erklärungsmodelle der systemisch-konstruktivistischen Kommunikationsmodelle eingehen.

Das Eisbergmodell nach Ruch und Zimbardo[21] verdeutlicht im oberen Bereich des Modells die bewussten Anteile der

Persönlichkeit. Diese werden dem rationalen Verhalten mit einem Anteil von 20 % zugewiesen.

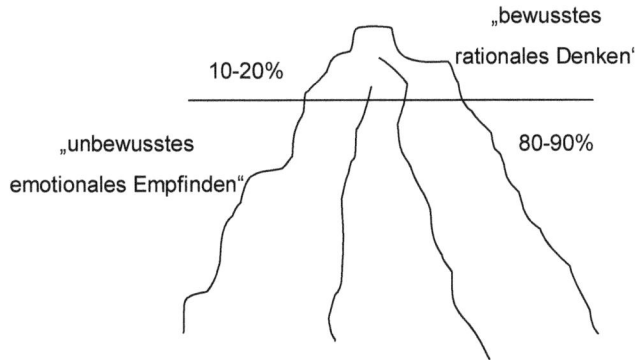

Abbildung 5: Das Eisbergmodell nach Ruch und Zimbardo

Der deutlich größere Anteil der Beweggründe liegt – bildlich gesprochen – einem Eisberg ähnelnd unter der Wasseroberfläche. Diese 80 % sind in den meisten Fällen dem Einzelnen mehr oder weniger unbewusst und somit nicht zugänglich. Typische Motive dieses Bereichs sind Stolz, Neid, Prestigedenken, Anerkennung und Liebe.

| Befragen Sie Ihren Kunden intensiver zu seinen Motivatoren. Halten Sie ihre Mitarbeiter an, deren Kunden intensiver zu befragen. Suchen Sie in den Antworten des Kunden nach der „Wahrheit hinter der Wahrheit", denn vielen Kunden sind ihre Motivatoren unbekannt. Machen Sie sich die Bedeutung der 80 % bewusst und integrieren Sie in ihren Verkaufsprozess das gezielte Erfragen emotionaler und rationaler Motivationsanteile. | **Verkaufstipp** |

Sind diese Informationen nicht gesichert, so haben Sie an dieser Stelle eine eindeutige Schwächung Ihrer Verkaufsposition.

Nun mag der ein oder andere unter den Lesern einwenden, dass mit diesen Fragen bisweilen intime Bereiche des Kunden berührt werden und somit eine Fragestellung in diese Richtung zu unterlassen ist. Oftmals hören wir auch in unseren Seminaren, dass es den Verkäufern selbst unangenehm erscheinen würde, solche Fragen zur Person zu stellen bzw. selbst gestellt zu bekommen. Wir verstehen diese Einwände und geben unseren Gesprächspartner dahingehend auch partiell Recht. Wir betonen an dieser Stelle ausdrücklich, dass ein jeder Gesprächspartner das Recht hat, für sich selbst zu entscheiden, auf welche Art und Weise er welcher Frage wie begegnen möchte. Wir betonen aber ebenso deutlich das Recht des Verkäufers auf Information. Wenn wir nun Kommunikation als einen aktiven Vorgang zweier gleichberechtigter Gesprächspartner definieren – wir kommen auf die Themata Gleichberechtigung und Kommunikation noch in hinteren Teil des Buchs zurück –, dann ergibt sich daraus ganz zwanglos die Schlussfolgerung, dass ein jeder Verkäufer das Recht hat jede Frage zu stellen, solange diese die Würde des Konterparts unangetastet lässt. Dem Kunden, unserem Gesprächspartner, wiederum steht das Recht zu, diese oder jene Fragen nicht zu beantworten – und er wird von diesem Vetorecht auch durchaus Gebrauch machen. Enthalten Sie also bitte Ihrem Kunden nicht Ihre wirklich relevanten Fragen vor, behandeln Sie Ihren Kunden nicht als – an dieser Stelle mag uns das bewusst genutzte dramaturgische Element der Überspitzung erlaubt sein – unemanzipiertes Wesen, welches nicht wüsste, wie er mit ihren Fragen umzugehen hätte.

Verkaufstipp	Nutzen Sie die Chance zur Differenzierung von anderen Mitbewerbern, in dem Sie die Fragen stellen, die Sie schon immer stellen wollten. Halten Sie Ihre Mitarbeiter an, Ihrem Beispiel zu folgen. Gehen Sie auf gleichberechtigte Art und Weise mit Ihren emanzipierten Kunden um.

3.1.4 Die Konkurrenzbetrachtung

„Eile dorthin, wo dich der Gegner am wenigsten erwartet."

Sunzi Sun Tzu

Vielfache Anstrengungen das Wirken der Konkurrenz – Euphemismen wie Marktbegleiter lehnen wir ab, denn Worte sind Interventionen, die unsere Wirklichkeitskonstruktion beeinflussen – zu beobachten und zu analysieren, produzieren je nach Unternehmung, Organisation oder Mitarbeiter unterschiedliche Mengen und Qualitäten an Daten. Doch was macht diese Daten zur Information? Nur deren Validität! Daher wollen wir an dieser Stelle die Frage aufwerfen, was oder wer die Validität definiert bzw. diese verantwortet.

In unseren Seminaren hören wir immer Aussagen wie „Wir haben 30 % Marktanteil." Oder „Wir teilen uns paritätisch mit den Konkurrenzfirmen I und II den Markt." Auf unsere Frage: „Wieviel Prozent machen Sie konkret beim Kunden A, B oder C und wieso kauft Kunde B bei der Konkurrenz II?" ernten wir zumeist nur betretene Gesichter. Fragt man dann tiefergehend nach, wieso B bei II kaufen würde, erhält man zumeist nur Aussagen, die eindeutig eine Annahme des Verkäufers sind. Daher empfehlen wir die Implementierung der Konkurrenzanalyse in Ihre Verkaufsprozesse, wobei – und dies ist der zugleich banale und dennoch äußerst wirksame Clou! – diese Aussagen nur dann eine Wertigkeit zugewiesen bekommen, wenn die Daten durch direkte Befragung des Kunden in Erfahrung gebracht wurden.

Sind diese Informationen nicht gesichert, so haben Sie an dieser Stelle eine eindeutige Schwächung Ihrer Verkaufsposition.

Befragen Sie Ihren Kunden direkt zur Konkurrenz. Halten Sie Ihre Mitarbeiter an, dies zu tun.	**Verkaufstipp**

Wenige Sätze zuvor warfen wir die Frage auf, was Daten zur Information werden ließe. Wir halten uns an dieser Stelle an die Definition Gregory Batesons[22], der sinngemäß zitiert darauf hinwies, dass Daten zu Informationen würden, so diese denn geeignet wären, eine Unterschiedsbildung bei den Kommunikationspartnern herbeizuführen. Wie kommt diese Unterschiedsbildung nun für Kunden und Verkäufer zustande?

Für den Kunden ist dies nach unserem Dafürhalten wie folgt zu beantworten. Die meisten Kunden sind es gewohnt von mehr oder weniger schlecht fragenden Verkäufern umgeben zu sein. Dies induziert ein gewisses Maß an Abgestumpftsein gegenüber Verkäufern und den Bemühungen der Außendienstmannschaften. Alleine die Tatsache, dass Sie oder Ihre Mitarbeiter nun anfangen Ihre Kunden intensiver zu befragen, löst bereits einen positiven Effekt aus. Für Sie – und das ist der zweite Teil der Antwort – stellen diese zu Informationen gewordenen Daten dahingehend eine „Unterscheidung, die einen Unterschied macht" dar, da Sie nun damit wissen, wie beim konkreten Kunden A, B oder C z. B. die spezifische Marktverteilung aussieht und warum er sich immer wieder für die Konkurrenz entscheidet. Was interessiert Ihr globaler Marktanteil von 40 %, wenn Sie vor einem Kunden sitzen, der 70 % bei der Konkurrenz bestellt?

3.1.5 Mut zur Entscheidung

Wir werden im hinteren Teil des Buches auf die Notwendigkeit für den Verkäufer bzw. den Verkaufsleiter eingehen, mit der knappen Ressource Zeit umzugehen. Dies zieht einen konsequenten Umgang mit Leads und Opportunities[23] nach sich.

Dies bedeutet für uns, dass an jeder Stelle des Verkaufsgeschehens, jede auch noch so große Opportunity notfalls deselektiert wird, wenn gewisse Trigger ein Weiterverfolgen nicht sinnvoll erscheinen lassen. Diese mögen von Verkaufsorganisation zu Verkaufsorganisation sehr unterschiedlich sein. Diese Trigger durch unterschiedlichste Instrumente, z. B. Best Practice-Methoden, zu extrahieren, ist eine ständige Aufgabe der Verkaufsmannschaften. Dieses Festlegen dieser Exitkriterien, die eine Einstellung der Verkaufsaktivitäten beim Kunden A, B oder C nach sich ziehen, ist zugleich eine hoheitliche Aufgabe des Vertriebsmanagements, die ganz entscheidend für die Verkaufsproduktivität ist.

Ohne an dieser Stelle den Ausführungen zu den systemischen Betrachtungen des Vertriebs vorzugreifen, wollen wir kurz die Implikationen betrachten, die ein nicht eingeleiteter Exit nach sich zieht. Versinnbildlicht bedeutet ein nicht gegebenes Nein zu einer Opportunity, neben der äußerst realen Fehlinvestition von Ressourcen, die nicht genutzte Gelegenheit, eine Grenze zu ziehen. Doch diese Grenzen haben eine Bedeutung! Sie ziehen als Unterscheidung in die Wahrnehmung unserer Kunden ein, eine Unterscheidung, die zur dringend benötigten Unterschiedsbildung in der Wahrnehmung des Kunden führt. Dies kann z. B. dazu führen, dass uns der Kunde zukünftig nicht mehr rein durch den Preis gegenüber der Konkurrenz differenziert sieht[24]. Unser Nein unterscheidet somit FÜR den Kunden das Chaos von der Ordnung. Wir sind an dieser Stelle fest davon überzeugt, dass es eine falsch verstandene Form von Kundenbeziehung ist, wenn wir unserem Kunden das Nein verweigern, welches er zur Unterscheidung Chaos und Ordnung braucht.

„Wer überall ist, ist nirgendwo."

Lucius Annaeus Seneca

Abschließend sei an dieser Stelle gesagt, dass wir uns sehr wohl bewusst sind, dass die Welt nicht aus Schwarz und Weiß besteht, sondern eher einem Kontinuum entspricht. Jedoch sind wir fest davon überzeugt, dass man sich an mancher Stelle mit Mut zur Entscheidung auch von lieb gewonnenen Leads und Opportunities trennen muss, um zu neuen Vertriebsufern aufzubrechen. Es ist dabei eine gut bekannte Vertriebserfahrung, dass in einigen Fällen so manche der in der Vergangenheit bereits deselektierten Leads und Opportunities eine Wiedergeburt erleben. Sie sollte uns jedoch nicht daran hindern, im Alltag vernünftige und schnelle Deselektionsentscheidungen zu treffen.

Verkaufstipp	Halten Sie sich nicht zulange mit potentiellen Verkäufen auf, bei denen Sie nicht weiterkommen. Ein theoretisch noch so hohes Einkaufspotential des Kunden zerbröselt Ihnen unter den Fingern, wenn die Verkaufswahrscheinlichkeit bei nahe 0 % liegt. Analysieren Sie daher Ihre potentiellen Verkäufe gut und treffen Sie rechtzeitig „Deinvestitionsentscheidungen".

3.1.6 Die Road Map

Diese geschilderten „4 Leistungssäulen des richtigen Tuns" werden nun von Ihnen in einem Gesamtprozess vereint. Zusammen bilden diese die Chance zur Strategieentwicklung, zur allumfassenden Positionierung beim Kunden. Analysieren Sie hierbei Ihre Kundeninformationen hinsichtlich Vorhandensein, Gewichtung und Validität. Sind diese Informationen nicht gesichert, so haben Sie an dieser Stelle eine eindeutige Schwächung Ihrer Verkaufsposition, die ggf. zur Deselektion des Leads bzw. der Opportunity führen muss. Nutzen Sie die Road Map zur Entwicklung einer Strategie, in dem Sie sämtliche fehlende oder ungesicherte Information in eine Frage umwandeln, diese anschließend kategorisieren und priorisieren, um sie dann in einem letzten Schritt zu bearbeiten. Sollte – wir hoffen für Sie, dass dieser Fall nie eintritt – der Kunde Ihnen einmal nicht alle wesentlichen Informationen liefern, überlegen Sie sich bitte, ob Ihr Kunde auf Augenhöhe mit Ihnen verhandelt, oder ob Sie nicht doch lieber diesen Kunden als Lead bzw. Opportunity deselektieren sollten.

Zusammengefasst lässt sich sagen, dass eine Road Map als geeignetes System angesehen werden kann, welches einer Landkarten-Kompass-Kombination gleich dem Verkäufer und seinem Vorgesetzten aufzeigt, welcher Weg der sinnvollste ist. Es zeigt Chance, Schwächungen, „Minen" und „Brücken" auf oder welchen Weg man vielleicht auch erst gar nicht beschreiten sollte. Doch – und davor sei an dieser Stelle deutlich gewarnt – eine Landkarte ist nicht die Landschaft selbst. Fritz B. Simon beschreibt die Auswirkungen dieser Verwechslung auf ungehört humorvolle und verständliche Art und Weise in seinen Büchern[20]. Verkauf mag sich über Prozesse strukturieren lassen, doch das Leben und die Menschen scheren sich bisweilen wenig um Struktur, Gesetzmäßigkeiten und Prozesse. So gesehen – und dies stimmt uns hoffnungsvoll – wird der Verkauf nie ohne Menschen auskommen.

3.2 Taktische Verkaufsprozesse

Taktische Verkaufsprozesse unterscheiden sich von den strategischen dadurch, dass sie nicht auf die Bearbeitung der Fragestellung „Positionierung zum Kunden" ausgerichtet sind, sondern als Orientierungs- und Strukturierungshilfe zur Vorbereitung und Durchführung der anstehenden Verkaufsgespräche angedacht sind.

3.2.1 Effizienz – das Richtige richtig tun

Eines der wichtigsten Arbeitsinstrumente in der Umsatzgenerierung ist die Vertriebsmannschaft. Mittels dieser entscheiden die meisten Unternehmungen über Wohl und Weh der Organisation, auch in kleinen Firmen bis hin zu KMU-Organisationen, in denen der Inhaber auch zugleich der einzige Vertriebsmann ist. Der Vertrieb bestimmt also in ganz entscheidendem Maße über die Qualität der Kundenbeziehung[25]. Hierbei ist das Verkaufsgespräch zumeist das wichtigste Arbeitsmittel.

Wir teilen dabei das Verkaufsgespräch in drei Phasen auf:
- Vorbereitung des Verkaufsgesprächs,

- Durchführung des Verkaufsgesprächs,
- Nachbereitung des Verkaufsgesprächs.

Diese an sich selbstverständliche Aufteilung wollen wir dennoch hier präsentieren, da die derzeit noch vorherrschende (und sicherlich nicht unproduktive!) „Macherkultur"[25] leider auch einen Nachteil potentiell in sich birgt – einen Mangel an Struktur und Disziplin. Dies führt dazu, dass viele Verkaufsgespräche wenig vorbereitet sind und so gut wie nie nachbereitet werden. Nachbereitung bedeutet für uns das gezielte Auswerten hinsichtlich der Frage, ob die im nächsten Absatz genannten Punkte auch beachtet wurden. Wenn nun das Verkaufsgespräch im Sinne unserer Nomenklatur das „Richtige" ist, was bedeutet es dann, das Richtige „richtig" zu tun? Nach unserem Dafürhalten gehören dazu folgende Punkte, auf die wir nun im weiteren Verlauf eingehen wollen:

- Kundenbedürfnisse verstehen
- Kaufbereitschaften erkennen
- Verbindlichkeit aufbauen
- Kundenindividuelle Alleinstellungsmerkmale
- Glaubwürdigkeit aufbauen

Diese Punkte sind in ein jedes Verkaufsgespräch, in dessen Vorbereitung und Durchführung, einzubauen.

3.2.2 Kundenbedürfnisse verstehen

Wieso haben so viele Verkaufsgespräche keinen Erfolg? Die Frage ist nicht einfach zu beantworten, jedoch gibt es Gründe, die hierfür zu nennen sind.

- Kunde hat per se keine Kaufabsicht
- Kundenwunsch wird nicht erkannt
- Antipathie zwischen Käufer und Verkäufer
- Antipathie zwischen Kunde und Verkäuferorganisation
- Und viele viele weitere...

Es gibt einige Gründe, da vermag der beste Verkäufer nichts auszurichten. Wurde der Kunde in der Vergangenheit mehrfach durch die Mitarbeiter der Verkäuferorganisation massiv enttäuscht, bzw. war es ihm in der Vergangenheit bisher nur „erlaubt" worden, schlechte Erfahrungen mit den Leistungen der Verkäuferorganisation zu sammeln, so verwundert es sicherlich nicht, wenn er sich für die Konkurrenz entscheidet.

Der Idealfall – hervorragende Produkte bzw. Leistungen, wunderbare Verkäufer und passender Preis – braucht an dieser Stelle nicht weiter thematisiert werden. Wie schafft man es jedoch Produkte mit nicht-idealem Preis und nicht-idealen Eigenschaften dennoch zu verkaufen?

Genau dabei geht es auch zumeist in den oben genannten Fällen, in denen der Kunde sich gegen uns entscheidet. Aber wieso schafft es dann der andere Verkäufer?

Unsere Behauptung läuft darauf hinaus, dass in den meisten Fällen dem Verkäufer zwei Hauptfehler unterlaufen sind.
- Es wurde nicht geprüft, ob Kaufbereitschaft besteht.
- Es wurde nicht herausgefunden, was den Kunden bewegen könnte, den Vertragsabschluss herbeizuführen.

Auf den erstgenannten Punkt kommen wir im nächsten Abschnitt zurück. Daher sei an dieser Stelle zunächst der zweite Aspekt beleuchtet.

Was bewegt Kunden zu kaufen? Sie müssen davon überzeugt sein, dass das Produkt bzw. die Leistung einen Bedarf bzw. ein Bedürfnis bei ihnen befriedigt. Bei der Recherche bzgl. der üblicherweise zu beobachtenden Bedarfe und Bedürfnisse hat die Unternehmensberatung Miller Heiman diese in drei Kategorien zusammenfassen können.
- Erreichungskategorie
- Vermeidungskategorie
- Regelungskategorie

Diese drei Kategorien bilden nach Miller Heiman das **Konzept** des Kunden, wir verwenden jedoch an dieser Stelle lieber Begrifflichkeiten wie Bedürfnismatrix – bzw. Bedürfniswelt.

Verkaufstipp

> Fragen Sie sich vor jedem Verkaufsgespräch, was ihr Gegenüber erreichen und/oder vermeiden und oder regeln will. Halten Sie Ihre Mitarbeiter an, dies ebenso zu tun.

Sollten Sie oder Ihre Mitarbeiter zu diesem Punkt keine Vorstellung bzw. keine kundenspezifischen Informationen haben, so ist es Ihre primäre Aufgabe, eben genau dieses Wissen zu entwickeln bzw. zu bestätigen. In einigen Fällen mag dies vermeintlich offensichtlich sein („Kauf einer neuen Produktionsanlage, um 100.000 Einheiten pro Tag produzieren zu können"), doch der Teufel steckt bekanntermaßen im Detail. Handelt es sich hierbei nun um ein Erreichungs- oder ein Vermeidungskonzept? Gilt es den derzeit stark wachsenden Nachfragedruck zu befriedigen – also mehr Umsatz und Rendite durch ein Mehr an Produktionseinheiten zu **erreichen** – oder gilt es den Verlust von Kunden zu **vermeiden**, die eine größere Produktionskapazität abverlangen?

Verkaufstipp

> Verfallen Sie niemals dem Fehler, sich mit den einfachen Wahrheiten zu begnügen. Fragen Sie bei Ihrem Kunden nach! „Triezen" Sie Ihre Mitarbeiter, dies zu tun. Bereiten Sie jedes wichtige Gespräch dadurch vor, die 10 zentralen Fragen zu entwickeln, die Sie im Gespräch stellen wollen.

Fragen Sie nach, warum er eine größere Produktionskapazität braucht? Wir befürchten, dass die meisten von uns sich viel zu schnell damit begnügen diesem Kunden eine neue Maschine verkaufen zu können. Halten Sie sich und Ihre Mitarbeiter dazu an, mehr Fragen als Ausdruck einer Grundhaltung zu stellen – der Grundhaltung, Ihren Kunden verstehen zu wollen.

Produktivitätsverbesserung bedeutet in diesem Zusammenhang auch, dass sowohl die Organisation als auch der einzelne Verkaufsmitarbeiter ständig ihr eigenes Verhalten überprüfen bzw. optimieren, um noch besser die Bedürfniswelt des Kunden zu unterstützen. Wird diese Bereitschaft verweigert, liegt ein bewusstes oder unbewusstes unprofessionelles Verhalten vor.

3.2.3 Kaufbereitschaften erkennen

Alle vertriebliche Mühe ist umsonst, wenn der Kunde keine Kaufbereitschaft besitzt. Dies gliche einem fünfzehnjährigen Backfisch einen Hochzeitsantrag unterbreiten zu wollen, die in das flaumbärtige Gesicht des Nachbarjungen verschossen ist. Wo dies jedoch dem Einzelnen als sinnlose Bemühung seiner Brautwerbung zugestanden sein mag, muss diesem Treiben im professionellen Umfeld des Verkaufs Einhalt geboten werden. Der Verkauf ist kein Tummelplatz für egozentrische „Ich-will-aber-diesen-Kunden-knacken-Typen", sondern der Bereich der unternehmerischen Tätigkeit, der durch Akquise von Umsatzströmen die Überlebensfähigkeit des Unternehmens gewährleistet.

Es ist profan zu erwähnen, dass nicht ein jeder Kunde zum Kauf bereit ist – und es ist ihm nicht mal „krumm zu nehmen". Hat der Kunde soeben ein neues Produkt erworben, z. B. ein Auto, wieso sollte er sich 3 Monate später bereits wieder ein neues zulegen? Und – auch diese Frage muss gestellt werden dürfen – wieso sollte sich ein Käufer ein Fahrzeug mit Navigationshilfe zulegen, wenn er nur 2000 km im Jahr fährt?

Um es ganz deutlich zu sagen: Es ist legitim dem Kunden das Angebot zu unterbreiten, denn der Kunde ist mündig und vermag selbst zu entscheiden, aber – und dieser Satz ist entscheidend – es ist schlichtweg mit Hinblick auf Planungssicherheit und Umsatz-Forecast kurzsichtig davon auszugehen, dass man diesen Umsatz mit hoher Wahrscheinlichkeit auch machen wird, da man den Kunden „schon wuppen würde".

Diesem Denken liegt ein Welt- und Menschenbild zugrunde, welches sowohl dümmlich als auch nicht vorausschauend ist. Kunden können sich rächen! So gilt es also in die Verkaufsprozesse ein Instrument einzubauen, welches den Verkaufsmitarbeiter auf exakt diese Fragestellung fokussiert. Diese Fokussierung hilft Ihnen sich auf die Fragestellung zu konzentrieren, in welcher Haltung der Kaufbereitschaft der Kunde ist.

Verkaufstipp

> Sollte sich die Mehrheit Ihres Buying Centers in einer nichtkaufbereiten Haltung befinden, überlegen Sie sich bitte, ob Sie diese Opportunity weiterbearbeiten wollen. Verfügen Sie nicht über die notwendigen Informationen, so ist es eine Ihrer primären Aufgaben, dieses Wissen zu erwerben.

So stellt sich nun an dieser Stelle die Frage nach den Kaufhaltungen, die ein Kunde einzunehmen imstande ist. Miller Heiman beantwortet diese Frage mit der Benennung von 4 Haltungen der Kaufbereitschaft.

Prinzipiell macht diese Einteilung Sinn, es muss jedoch in Abhängigkeit des Verkaufsumfelds geprüft werden, ob diese 4 Haltungen der Kaufbereitschaft in dieser Form vorkommen oder ob diese sinnvollerweise um eine Haltung verkürzt bzw. verlängert werden müssen. So lässt sich z. B. darüber nachdenken, ob in der Versicherungswirtschaft beim Verkauf von kapitalwirksamen Lebensversicherungen die Euphorie-Haltung wirklich von Relevanz ist.

Haltung	Beschreibung
Wachstums-Haltung	Kaufbereitschaft ist hoch. Es gewinnt i. d. R. der Anbieter, der das meiste Wachstum zu realisieren ist.
Alles-o.k.-Haltung	Die Kaufbereitschaft ist niedrig. Der Kunde ist zufrieden, hat kaum Absichten eine neue Leistung zu erwerben, Ihr Angebot ist schlichtweg nicht von Relevanz. Verkäufe sind oftmals Gefälligkeitsleistungen des Kunden.
Problemhaltung	Die Kaufbereitschaft ist mittel bis hoch. Der Kunde sieht ein Problem auf sich zukommen. Es gewinnt der Anbieter, der das Problem am Besten zu lösen verspricht.
Euphorie-Haltung[26]	Kaufbereitschaft nahezu null. Der Kunde ist nicht bereit, seine bisherigen Produkte auszutauschen. Es verhält sich vielmehr so, dass Ihre Lösung für den Kunden eine (gefühlte) Verschlechterung darstellen würde.

Tabelle 2: Haltungen der Kaufbereitschaft nach Miller Heiman[27]

Nutzen Sie das Erkennen der Kaufhaltung als Ausdruck der eigentlichen Kaufgründe, um den Kunden für sich zu gewinnen. Fragen Sie Ihren Kunden und fragen Sie tiefer, als Sie es bisher gewohnt waren.

Verkaufstipp

Unabhängig von dieser bedeutsamen Frage nach der Anzahl und Qualität der Kaufhaltungen stellt sich jedoch noch eine weitere Frage. Wie geht der Verkäufer mit den Kaufhaltungen um, welche Schlüsse zieht er bzw. welche Strategie ist die adäquate? Dies ist im Falle der Wachstumshaltung einfach zu beantworten – so denn Ihre Produkte Wachstum zu unterstützen wissen! – ein wenig aufwendiger ist dies jedoch für die Problem- bzw. Alles-o.k.-Haltung.

Verkaufstipp

> Verwenden Sie nicht zuviel Verkaufszeit mit Opportunities, in denen der Budgetinhaber bzw. die neuralgischen „Nadelöhre" in einer euphorischen Kaufbereitschaft sind. Es ist nicht Ihre Aufgabe, alle potentiellen Kunden zu missionieren, sondern diese zu finden und zu betreuen, die auch wirklich kaufen wollen.

Wichtig ist an dieser Stelle das exakte Erfragen und nicht das Sich-abspeisen-lassen mit einfachen Antworten bzw. „Wahrheiten". Viele Verkäufer machen es sich an dieser Stelle zu leicht, indem sie nur nach einfachen Wahrheiten suchen bzw. nicht hartnäckig genug nachfragen. Die Gründe hierfür werden im weiteren Verlauf des Buches noch besprochen. Als Beispiel hierfür mag der Produktionsleiter herangezogen werden, den es einst bei einem Kunden eines Klienten zu überzeugen galt. Dieser brauchte ein größeres Produktionssegment, welches unser Klient liefern sollte. Der Verkaufsaußendienstmitarbeiter unseres Kunden ging von einer Wachstumshaltung aus („Hah, der will halt mehr produzieren.") und übersah dabei den eigentlichen Beweggrund. Wir hinterfragten und erkannten einen zunehmenden Druck auf den Produktionsleiter durch die Geschäftsleitung, doch endlich günstiger zu produzieren. Nun, nachdem wir den Kunden besser verstanden hatten, konnten wir ihm ein Produktionssegment liefern, welches die geforderten Merkmale aufwies. Welchem Kunden wäre nun besser geholfen geworden – dem vermeintlichen „Wachstumskunden" oder dem Kunden mit einem Problembewusstsein? Das Erkennen der Haltungen der Kaufbereitschaft ermöglicht es, die Sprache des Kunden zu sprechen. Dies lässt den Kunden erkennen, dass der Anbieter ihn verstanden hat.

Haltung	Sinnvolle Strategie
Wachstums-Haltung	Weisen Sie auf, inwiefern Sie bzw. Ihre Leistungen den Wachstumswunsch des Kunden zu unterstützen imstande sind.
Alles-o.k.-Haltung	Sie müssen dafür sorgen, dass der Kunde diese Haltung aufgibt. Dies kann z. B. dadurch gelingen, dass Sie den Kunden durch Fragen auf ein in der Zukunft ihm sich nahendes Problem hinweisen.
Problemhaltung	Lösen Sie die Probleme Ihres Kunden. Ihre Produkte sind Carrier – „Lastenesel" – der Problemlösung.
Euphorie-Haltung	Macht es Sinn dieses Verkaufsprojekt zu canceln?

Tabelle 3: Sinnvolle „Haltungs-Strategien"

Sollte sich ein Kunde in der Euphoriehaltung befinden, empfehlen wir mit Nachdruck die intensive Prüfung der Gesamtsituation hinsichtlich der Deselektion der Opportunity.

3.2.4 Verbindlichkeit aufbauen

Verbindlichkeit nicht aufzubauen bzw. die Unfähigkeit dieses Element der taktischen Verkaufsprozesse für sich zu nutzen, ist nach unserer Erfahrung einer der größten Produktivitätskiller im Verkauf. Nutzt man die sich aus dem Thema Verbindlichkeit heraus ergebenden Chancen nicht, vergibt man nahezu sämtliche Möglichkeiten zu überprüfen, ob der Kunde mit dem Anbieter im Sinne einer Partnerschaft auf Augenhöhe verhandelt.

Der Leser mag einwenden – und in nicht wenigen Fällen müssen wir ihm Recht geben –, dass die heutigen meist durch den Kunden geprägten Märkte („Käufermarkt") ein Verhandeln auf Augenhöhe in nicht unerheblichem Umfang verhindern. Und gerade weil dem so ist – so lautet dann zumeist unsere Antwort –, gerade deswegen muss ein Verkäufer sich so verhalten, als ob er auf Augenhöhe stehen würde. Das Durchbrechen der Erwartungshaltung des Kunden erzeugt eine veränderte Bewertung in den Augen des Kunden, die es (aufzubauen und) zu nutzen gilt. Spätestens bei der Verhandlung der Preise und Lieferkonditionen rächt sich für den Anbieter ein anderes Verhalten; konsequentes Preisdumping des Kunden wird oft zu beobachten sein.

Was gilt es zu tun? Die Frage ist einfach zu beantworten und den meisten Menschen fällt dies auch im privaten Umfeld einigermaßen leicht. Es gilt Fragen zu stellen. Zumeist handelt es sich hierbei um geschlossene Fragen bzw. Fragen, die implizit eine geschlossene Frage darstellen bzw. in eine solche umgewandelt werden können. Wir wollen diese Fragen Commitmentfragen (Einverständnisfragen) nennen, da die Antwort bzw. das durch den Kunden gezeigte Verhalten uns als Anbieter sagen, ob der Kunde sich auf eine partnerschaftliche Zusammenarbeit auf Augenhöhe commitet („sein Einverständnis erklärt"). Ebenso wichtig sind als Ersatz der Commitmentfragen die sogenannten Commitmentaktionen des Kunden. Lassen Sie uns diese an einem Beispiel verdeutlichen.

Eines schönen Abends traf ein junger Mann eine junge Frau in einer Bar[28]. Er sprach die ihm Unbekannte an und fragte Sie: „Wollen wir heiraten?"

Wie der Leser unschwer erraten kann, war die Reaktion wenig positiv für den unbedarften Galan. Jedoch – und nun nähern wir uns dem Kern unserer Aussage – es gibt Menschen, die die Kunst der zärtlichen Eroberung besser zu beherrschen wissen (und was ist Verkaufen anderes als die Kunst der zärtlichen Eroberung?) als oben beschriebenes Exemplar. Lauschen wir daher an dieser Stelle für einen kurzen Moment einem solchen Meister seines Faches.

Eines schönen Abends traf ein junger Mann eine junge Frau in einer Bar. Er sprach die ihm Unbekannte an und fragte Sie: „Verzeihen Sie, ich möchte nicht aufdringlich wirken, aber der Glanz Ihrer Augen lassen mich hoffen, dass Sie es mir gestatten werden, Sie auf einen Café einzuladen?" Die junge Frau erwiderte – oh welch Wunder des limbischen Systems – „Oh, gerne doch."

Es entwickelt sich ein unterhaltsames Gespräch, der junge Mann hat Glück und auf eine seiner nächsten Fragen, ob die Dame ihn denn gerne am Freitag ins Theater begleiten wolle, erntet er erneut ein Ja. Der junge Mann durfte im Verlauf der nächsten Monate noch einige Fragen erfolgreich stellen (Zu Dir? Zu mir? Ziehen wir zusammen?).

Heute sind beide verheiratet, haben mehrere Kinder und wenn sie Glück haben, gehören sie nicht zu dem statistischen Drittel, welches sich nach wenigen Jahren scheiden lassen wird.

Was wir damit zum Ausdruck bringen wollen, ist, dass wir als Menschen eine ganz natürliche Kompetenz haben, die richtige Frage zu stellen, wenn wir herausfinden wollen, ob unser Gegenüber mit uns „tanzen" will oder ob in der Beziehung eine Störung bzw. Asymmetrie vorliegt. Doch seltsamerweise wird dies von den wenigsten Verkäufern genutzt, insbesondere schwache Verkäufer neigen dazu. Woran liegt das?

Schauen wir uns wieder das Alltagsleben an. Wann scheuen wir uns Commitmentfragen zu stellen bzw. unserem Gegenüber Commitmentaktionen „abzuverlangen"? Unser Beobachtung ist: dieses Verhalten wird immer dann gezeigt, wenn sich in der Person desjenigen, der Commitment verlangt, unbewusst oder bewusst die Erkenntnis gebildet hat, dass er kein „Recht hat", dieses Verhalten einzufordern. Er ist sich der Asymmetrie der Beziehung bewusst

– egal, ob dies nun „richtig" oder nur das Ergebnis seiner eigenen Phantasie ist.

Verkaufstipp

> Achten Sie sorgsam bei sich oder Ihren Verkäufern auf diese Anzeichen. Diese sind klare Indikatoren für eine Asymmetrie Ihrer Kundenbeziehungen. Wenn Sie sich nicht trauen sollten, diese Fragen zu stellen, überprüfen Sie bitte Ihre Grundeinstellung zum Thema „Fragen stellen" oder Ihre Positionierung zum Kunden.

Wir vergleichen in den Seminaren an dieser Stelle gerne die Idee mit dem Bild einer Pyramide. Diese stellt im Sinne der ersten Pyramidentypen in Mittelamerika bzw. Ägypten ein stufenförmiges Gebilde dar. Während viele Verkäufer – zumeist die weniger erfolgreichen – versuchen, diese Pyramide in Rekordzeit zu erklimmen, sind die Kunden zumeist bedächtiger in ihrem Tun. Wieso sollten sie sich auch beeilen? Sie haben doch das kostbare Gut – die monetären Mittel!

Bevor man als Verkäufer nun die nächste Stufe erklimmt, sollte man tunlichst darauf achten, dass der Kunden Ähnliches zu tun gedenkt. Dies kann wunderbar durch das Stellen einer Commitmentfrage bzw. dem Einfordern einer Einverständnis-zeigenden Aktion getan werden. Idealerweise nähern sich dann Anbieter und Abnehmer nach und nach der Pyramidenspitze – dem Vertragsabschluss.

Im weiteren Verlauf des Buches werden wir noch auf das Thema des Verkaufstrichters und die sich daraus ergebenden Optimierungsvorteile für den Vertrieb eingehen. Jedoch wollen wir an dieser Stelle in einem Punkt vorgreifen. Schaut man sich die Commitment-Pyramide an, so erkennt man beim genaueren Hinsehen, dass man diese auch als einen „invertierten Verkaufstrichter" betrachten kann.

Die Commitmentpyramide als invertierter Verkaufstrichter

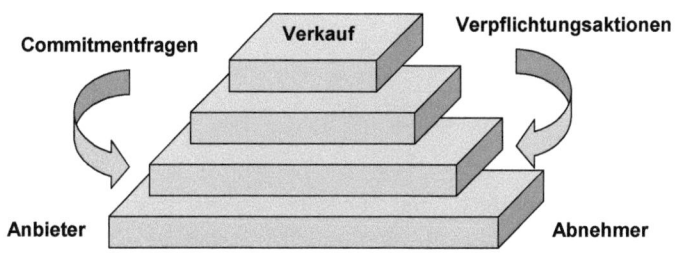

Abbildung 6: Commitment-Pyramide

Was bringt diese Aussage, abgesehen von einer grafischen Betrachtung mit möglicherweise akademischem Nährwert? Wie wir oben erwähnt haben, gibt es geschlossene Fragestellungen, die wir als Commitmentfragen bezeichnet haben. Wir empfehlen an dieser Stelle jede Ebene einer jeden Commitment-Pyramide mit mindestens einer Commitmentfragen abzuschließen. Dies bedeutet wiederum – übertragen auf den noch näher vorzustellenden Verkaufstrichter –, dass eine jede Verkaufstrichterebene mit einer Commitmentfrage abzuschließen ist. Ein solches Vorgehen hat jedoch einen massiven Impact auf den Umsatz-Forecast (Umsatzvorhersage), da wir beim Übertritt auf die nächsthöhere Trichterebene ein Anheben der Abschlusswahrscheinlichkeit empfehlen. Daraus ergibt sich dann im Folgeschluss ein höherer „relativierter Forecast", der uns als geeignete Planungsgröße bzw. Annahmegröße für das Budgeting erscheint. Wir empfehlen diesen relativierten Forecast als rollierend zu konzipieren.

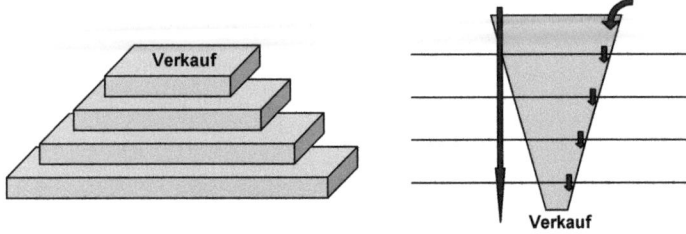

Abbildung 7: Der „invertierte" Verkaufstrichter

3.2.5 Individuelle Alleinstellungsmerkmale

Schaut man in die Literatur, so gibt es hinreichend Hinweise, wie Alleinstellungsmerkmale (**USP**, Unique Selling Proposition) zu kreieren sind. Dieses Metier der Marketingspezialisten wollen wir diesen gerne überlassen und wenden uns daher dem zu, was wir vertrieblich nutzbare kundenindividuelle Alleinstellungsmerkmale nennen wollen.

Verkaufstipp	USPs trennen die Masse vom Besonderen. Separieren Sie sich von der Masse, um besser wahrgenommen zu werden. Oder sind Sie ein Fisch, der im Schwarm Schutz sucht, um nicht gefressen zu werden?

Die Idee wurde aus der Erkenntnis geboren, dass kaum ein Kunde durch einen noch so tollen Werbespruch zu überzeugen ist. Der eigentliche Krafthebel im Verkaufsgespräch ist das oben bereits beschriebene Kundenkonzept oder anders gesagt, die Bedürfnismatrix des Kunden, aufgespannt durch die Attribute erreichen, vermeiden und regeln. Da diese Krafthebel das Kernstück eines jeden Verkaufsgespräches aus unserer Sicht sind, ist es von Vorteil, wenn sich Alleinstellungsmerkmale auf diese beziehen. Erst die Individualisierung der Alleinstellungsmerkmale reflexiv zum Konzept des Kunden erzeugt die notwendige Abgrenzung des Anbieters von der Konkurrenz.

Als Beispiel soll folgende Situation eines unserer Klienten dienen. Verzweifelt suchte man schon geraume Zeit nach einem „Spruch", einem Slogan und verwechselte dies mit dem Alleinstellungsmerkmal. In der Zusammenarbeit mit unserem Haus erkannte der Kunde, dass ein Slogan sehr wohl wichtig sei, aber lediglich als Ausdruck des gelebten und von den Kunden erfahrenen Selbstverständnisses. Das besondere Vermögen unseres Kunden lag in einer äußerst hochwertigen und individuellen Versorgung von Patienten einer bestimmten Indikation. Die eigentliche Stärke lag in der Organisation einer nicht-standardisierten Leistung, in einer raschen „Abwicklung" von anspruchsvollen Patienten. Diese Fähigkeit wurde nun mit dem Wunsch der Krankenhäuser nach rascher Entlassung der Patienten „vermischt". Dieses Kundenkonzept (erreichen: geringe Hospitalisation, vermeiden: Kosten, regeln: Abläufe bei der Entlassung ins häusliche Umfeld) wurde als ein im Grunde genommen reines Vermeidungskonzept erkannt. Jedoch – und dies muss erwähnt bleiben – gab es auch Häuser, denen es nicht primär um die Vermeidung von Kosten ging, sondern die eine hochwertige Versorgung der Patienten zu Hause erreichen wollten. Durch Weiterentwicklung des Betreuungsansatzes für beide Konzepte und Nutzung eines entsprechenden Kommunikationskonzepts konnten wir diesen Klienten unterstützen.

Achten Sie als Verkäufer darauf, dass Sie besonders sind. Wenn nicht, werden Sie auch nur bezahlt wie jemand, der Durchschnitt ist. Achten Sie darauf, dass Sie die Bedürfnismatrix des Kunden verstehen und dieses in ein Alleinstellungsmerkmal umwandeln	**Verkaufstipp**

Es gilt also nicht – verzeihen Sie uns die platt formulierte Aussage – dem Kunden zu sagen, dass Ihre Produktionsmaschine, die Sie an ihn zu verkaufen gedenken, 20.000 Stück Ausstoß pro Stunde schafft, 25 Jahre hält und zudem den aktuellen Sicherheits- und Umweltauflagen entspricht (das sind Selbstverständlichkeiten, die der Kunde schlichtweg voraussetzt), sondern dass Ihre Anlage seine Produktionskosten um 4 % senkt und somit ein Wegbrechen von Marktanteilen an fernöstliche Billiganbieter vermieden wird. Der Dank der Geschäftsleitung wird diesem Produktionsleiter sicher sein. Wir überlassen es Ihrem Urteil, bei wem der Kunde wohl kaufen wird bzw. für welchen Lieferanten er sich beim Einkauf stark machen wird.

Zusammengefasst sei also gesagt, dass es bei dem Thema kundenspezifischer Alleinstellungsmerkmale darum geht, im Bewusstsein des Kunden zu jemand Besonderem zu werden. Dies gelingt nach unserem Dafürhalten dann insbesondere gut, wenn man zuvor genau eruiert hat, was diesen konkreten Kunden genau interessiert bzw. wie die Bedürfniswelt des Kunden sich zusammensetzt. Erst die Verknüpfung mit dieser insgeheim vorhandenen Erwartungshaltung des Kunden lässt diesen erkennen, dass Sie ihn verstanden haben.

3.2.6 Glaubwürdigkeit aufbauen

Glaubwürdigkeit ist eines der am häufigsten vernachlässigten Themata schlechthin. Wir werden dazu näher in unseren Ausführungen zum Thema „Systemischer Vertrieb" eingehen. Doch sei an dieser Stelle ein kleiner vorausgreifender Exkurs erlaubt.

Immer wieder hören wir junge Berater- und Trainerkollegen, die uns um das Überlassen von Referenzen bitten und in den meisten Fällen unterlassen wir das auch. Warum? Sie besitzen keine Glaubwürdigkeit bei uns. Wir verstehen zwar ihre Bitte, sind aber zutiefst davon überzeugt, dass sie sich ihre Glaubwürdigkeit selbst aufbauen müssen.

Was ist an dieser so wichtig? Wir Menschen stehen vor dem Problem, dass wir, wenn wir eine Entscheidung treffen müssen, aus einem Überangebot an Informationen die für uns relevanten herausfiltern müssen. Entscheidungen sind in ihrer Grundnatur zumeist komplex und bei genauerer Betrachtung unentscheidbar. Wären sie entscheidbar, wären sie eindeutig, müssten wir keine Entscheidung treffen.

Glaubwürdigkeit stellt somit ein wohlfeiles Instrument zur Komplexitätsreduktion und somit zur Fällbarkeit von Entscheidungen dar. Damit ist dieser Filter (Glaubwürdigkeit filtert vermeintliche „Fehlinformationen" aus) ein höchst sensibler. Er ist nicht nur so sensibel, als dass wir ihn selten gewähren. Er ist vor allem kundenindividuell zu entwickeln.

Für uns lautet daher immer die Frage, für was genau der Kunde Glaubwürdigkeit braucht. In unserem Falle mag das die Produktivitätssteigerung, die Branchenkompetenz (nach was fragt da der Kunde eigentlich? Möglicherweise nach dem: Verstehst Du mich, lieber Dienstleister?) oder ein wie auch immer sich darstellender hochwertiger Umgang mit dem Projekt und den involvierten Personen sein. Genauer gesagt, fragt unser Kunde, ob wir ihm wirklich helfen können, nachhaltig Umsatz und Rendite zu verbessern (Erreichungskonzept), bzw. ob wir ihm helfen können, den Umgang zwischen Innen- und Außendienst zu optimieren. Damit kann sowohl ein Regelungskonzept (Abläufe regeln) als auch ein Vermeidungskonzept gemeint sein (Fluktuation vermeiden helfen).

In Ihrem Falle stellt sich dies ähnlich komplex dar. Befragen Sie also Ihren Kunden zu seiner Bedürfniswelt, formulieren Sie sein Konzept und formulieren Sie Argumente, die kundenspezifisch Glaubwürdigkeit erzeugen.

3.2.7 Der richtige Zeitpunkt (der Angebotsabgabe)

In diesem Abschnitt beschäftigen wir uns mit der Frage nach dem richtigen Zeitpunkt der Angebotsabgabe. Um an dieser Stelle zu verdeutlichen, was wir meinen, wenn wir von Angebot sprechen, sei an dieser Stelle die folgende Abbildung gezeigt.

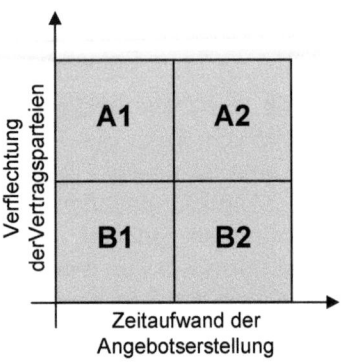

Abbildung 8: 4-Felder-Angebotsmatrix

Wir konzentrieren uns dabei auf das Feld A2, welches die Angebote darstellt, die zum einen einen hohen Zeitaufwand bei deren Erstellung nach sich ziehen und die zum anderen tiefen Einfluss auf die Geschäftsbeziehung haben. Alle anderen Angebote, von der reinen Preisübermittlung bis hin zum Orientierungsangebot, seien hier nicht weiter beleuchtet, da sie als Selbstverständlichkeiten des Geschäftsalltags keiner weiteren Besprechung bedürfen.

Wann gilt es also nun ein derartiges „wirklich wichtiges" Angebot abzugeben? Um es ganz deutlich zu sagen – ein Rezept dafür gibt es nicht. Aber – und dies ist die Intension dieses Textabschnitts – es muss in der Regel deutlich später abgegeben werden, als dies die meisten Verkäuferorganisationen tun. Und – der Kunde muss sich das Angebot erst verdienen, es muss für ihn eine Freude sein, es zu erhalten. So mancher unter Ihnen wird uns nach diesen Worten für jemanden halten, der vom wilden Affen gebissen worden ist, jedoch – und dies sei uns an dieser Stelle erlaubt zu erwähnen – wir haben beste Erfahrungen damit gemacht.

Zur Begründung. Verkäufer verkaufen keine Präsentationen, Meetingtermine mit den Kunden und auch keine Angebote. Sie verkaufen Lösungen für Probleme, die Kunden haben. Wenn Verkäufer Anbieter von Lösungen sind, müssen sie sich auf die Lösung konzentrieren (siehe dazu das

Kundenkonzept im vorangegangen Abschnitt). Haben sie eine Lösung skizziert, die dem Kunden plausibel erscheint, wird dieser von ganz alleine ein Angebot anfordern. So rückt der Verkäufer aus der Position des Drückenden in die Rolle des Gefragten, desjenigen, der einen Gefallen unterbreitet. Die Implikation für die Vertragsverhandlungen ist massiv! Des Weiteren gilt es den enormen Zeitaufwand zu berücksichtigen, den die von uns gemeinten Angebote bisweilen zu kosten imstande sind. Dieser Zeitaufwand ist erst dann zu „bezahlen", wenn der Kunde sich zu einer Partnerschaft auf Augenhöhe dadurch comittet hat, indem er sein kostbarstes Gut – Zeit und Informationen! – auch mehrfach zur Verfügung gestellt hat.

Die Unterbreitung eines Angebots ist Kommunikation. Die Theorie dazu werden wir in einem späteren Abschnitt vorstellen. Wenn wir diese Aussage an dieser Stelle als gegeben hinnehmen, dann stellt sich die Frage, ob es dem Kunden „etwas sagt", wenn das Angebot zu früh abgegeben wurde? Bleiben wir bei dem im vorhergehenden Abschnitt dargestellten Beispiel des jungen Mannes, der auf Freierfüßen sich befindend, um die Gunst der jungen Dame warb. Die Frage nach der Hochzeit – und was ist eine Ehe anderes als ein Vertrag bzw. ist ein Vertrag nicht auch eine „Ehe unter Randbedingungen"? – zu früh gestellt, entlarvt den Suchenden – und suchende Firmen verderben sich die Preise.

Zusammengefasst lässt sich unsere Meinung so ausdrücken, dass wir die Abgabe eines Angebots als Commitmentaktion des Verkäufers ansehen, die als Antwort auf die Frage des Kunden nach einem Angebot zu verstehen ist. Der Kunde muss sich also in einem ersten Schritt zur Partnerschaft auf Augenhöhe bekennen, in dem er ein Angebot erbittet.

Wir bitten die Ausführungen dieses Abschnitts nicht sklavisch zu sehen. Selbstverständlich wissen wir, dass die Ausführungen idealtypisch dargestellt wurden. Wichtig ist uns jedoch – und dies sei an dieser Stelle noch einmal deutlich unterstrichen –, das Grundverständnis, dass Verkäufer nicht verzweifelt Angebote zu verkaufen haben, sondern diese erst zu einem sehr späten Zeitpunkt unterbreiten, zu dem sich der Zeitaufwand auch für die Organisation lohnt.

3.2.8 Fragetechniken

Nirgends mehr als bei dem Thema „Fragen stellen" scheiden sich nach unserer Beobachtung Anspruch und Wirklichkeit im Vertrieb. Jeder weiß, dass er sie zu stellen hat – doch nur wenige kommen dem nach. Woran liegt das?

Wir sehen als einen der Hauptgründe die Einflüsse der Sozialisation an. Mami verbot uns schon in frühen Jahren das Fragen („Peterchen, so etwas fragt man nicht!"), in der Schule wurden wir für „dumme" Fragen ausgelacht und vielleicht aus besagtem Grund ist in der deutschen Sprache bisweilen schwer zwischen Neugier auf der einen und Wissensdurst auf der anderen Seite zu unterscheiden.

Des Weiteren wurden Fragesteller über viele Jahrhunderte als gefährlich eingestuft. Wer Fragen stellt, hinterfragt das System. Wer das System hinterfragt, rüttelt an Glaubenssätzen.

Ein letzter Grund ist aus unserer Sicht als überaus wichtig anzusehen. Wer fragt, der nähert sich seinem Gegenüber. In einer Gesellschaft, in der Nähe bzw. Intimität nicht immer erwünscht ist, kann man somit das Nicht-Fragen auch als den bedingt kompetenten Umgang mit Intimität verstehen. Eine alternative Betrachtungsweise könnte so formuliert werden: das Nichtstellen von Fragen ist Ausdruck einer hohen „Sozialkompetenz" in einer Gesellschaft, die das Fragen sanktioniert. Es ist dem Leser an dieser Stelle freigestellt einen ironischen Unterton aus unseren Worten herauszulesen. Unabhängig davon, eine Frage verbleibt jedoch. Es ist die Frage nach den Effekten, die diese vermeintliche Sozialkompetenz auf die Verkaufsproduktivität hat.

Fragen führen. Wer fragt, der führt, so lautet ein alter Lehrsatz der vertrieblichen Kommunikation. Ließe sich somit in einem etwas kühn gespannten Bogen die Behauptung aufstellen, dass Fragen sinngebender Natur sind? Wir sind der festen Überzeugung, dass der Sinn eines Verkaufsgesprächs die Ermittlung und Befriedigung der Kundenbedürfnisse ist. Dies ist die eigentliche Sinnzuweisung, die Sinnzuweiser somit Kunden und Anbieter. Wir stimmen daher der Idee, dass der Verkäufer das Gespräch zu führen habe, nicht zu. In einer partnerschaftlichen Beziehung führen beide Parteien ein Gespräch um der Kooperation willen. Und Fragen sind hierfür wunderbare, das Gespräch in logische Einheiten segmentierende, Kommunikationsinstrumente.

Fragetechniken haben sich in den letzten Jahren zu einem der wichtigsten Kommunikationsinstrumente entwickelt. An sich sind diese mit hoher Wahrscheinlichkeit so alt wie das Verkaufen selbst – eher noch wie die Menschheit an sich – dennoch haben sie in den letzten Jahren eine stürmische Entwicklung dahingehend genommen, dass sie stärker untersucht und besser verstanden worden sind.

Ein Satz voraus. Die an dieser Stelle geschilderten Fragetechniken können manipulativ eingesetzt werden. Die Autoren bauen jedoch auf ein Menschenbild, welches auf Fairness und Gleichberechtigung basiert. Somit dürfen Fragetechniken nur zu einem eingesetzt werden – zur Moderation des Gesprächsflusses und Ermittlung des Kundenbedürfnisses.

Offene Fragen

Offene Fragen sind dazu dienlich, Informationen zu erhalten. Typischerweise werden sie daher durch die W-Fragen charakterisiert.

Beispiele
- Was ist das?
- Wer ist das?

- Wie geht es Ihnen?
- Was wünschen Sie?

Dadurch wird der Redefluss des Gegenübers – des Kunden – initiiert und der Verkäufer erhält idealerweise reichhaltige Informationen.

Geschlossene Fragen

Geschlossene Fragen sind dazu dienlich, ein klares Ja oder Nein durch den Kunden zu erfahren. Oftmals werden sie jedoch als Ersatz für die eigentlich zu stellenden offenen Fragen gestellt. Vorteil ist, dass man in gewissen Situation das Ja oder Nein erhält, welches man braucht, Nachteil, dass eben auch die Information genau auf dieses Ja oder Nein beschränkt ist. Es ist also durch den Fragenden sehr genau zu überlegen, ob es ihm auf ein Bouquet aus Information oder eine klare Ja/Nein-Aussage ankommt.

Beispiel
- Finden Sie das Odeur des Parfüms angenehm? („Besser": Wie finden Sie das Odeur?)
- Kann ich Ihnen weiterhelfen? („Besser": Wie kann ich Ihnen weiterhelfen?)

Commitmentfragen

Commitment- oder Verbindlichkeitsfragen sind Fragen, die dazu dienlich sind, die Verbindlichkeit des Kunden zu überprüfen. Typischerweise werden sie als geschlossene Fragen gestellt, es sind aber auch andere Fragen denkbar. Ihre Funktion ist die eines Indikators, der aufweist, ob Kunde und Anbieter noch an der gleichen Stelle des Verkaufsprozesses stehen.

Beispiele
- Bekomme ich dann die Auflistung bis Ende dieser Woche?

- Bis wann bekomme ich die Auflistung der Diskussionspunkte, die Sie im nächsten Meeting besprochen haben wollen? Bis wann bekomme ich eine Liste derer, die am nächsten Meeting teilnehmen?

Hier lässt sich das übliche Denken der Fragetechniken sogar in ihr Gegenteil umwandeln. Üblicherweise hat der Verkäufer die Fragen zu stellen. Dies ist ein bisweilen eigenwilliger, weil den Kunden bevormundender, Imperativ. Wie wäre es, wenn wir uns vor jedem Verkaufsgespräch überlegen würden, welche Fragen der Kunde zu stellen hat, auf dass wir an dem Stellen der Frage erkennen, dass der Kunde an uns bzw. unserer Lösung interessiert ist? Somit mutieren die Fragen des Kunden von, den Verkäufer bisweilen unter Druck setzenden, Unterbrechungen des verkäuferischen Redeflusses zu Indikatoren seines Commitments uns zu folgen.

Bestätigungsfragen

Sie dienen dazu, entweder als Verkäufer zu erforschen, ob man den Kunden richtig verstanden hat bzw. um das durch den Kunden Gesagte in dessen Bewusstsein zu verankern.

Beispiel
- Habe ich Sie richtig verstanden, dass Sie dieses Produkt sehr ansprechend finden?

Rückstellungsfragen

Rückstellungsfragen haben den Sinn, eine Frage des Kunden an einen anderen Punkt des Gespräches zu verschieben. Damit erfüllen sie zwei Zwecke. Einmal kann es darum gehen, die Argumentationskette des Verkäufers dahingehend nicht zu unterbrechen, dass ihm die Beantwortung der Kundenfrage zu einem späteren Zeitpunkt besser „in den Kram" passt. Alternativ besteht damit ebenso die Möglichkeit, eine Frage des Kunden ins „Seitenaus" zu schieben, um so unbeliebte Fragen zu unterbinden, da Kunden oft diese dann auch vergessen. Wir warnen vor der Anwendung von Rückstellungsfragen aus diesem zweiten Grund, da sie als manipulativ und somit als unethisch eingestuft werden müssen. Zudem wird dies vom mündigen

Käufer oftmals schnell als unerwünschte Beeinflussung seiner Kaufentscheidung durchschaut.

Beispiele
- Darf ich auf Ihre (des Kunden) Frage später zurückkommen? Ich würde erst noch gerne diesen Gedankengang vollenden.
- Das ist eine gute und wichtige Frage, ich würde gerne nachher auf diese eingehen. Habe ich Ihr Einverständnis?

Zwickmühlenfragen

Oftmals findet sich der Verkäufer in einer Situation wieder, in der er eine Zwickmühle in seinem Innersten fühlt. Beispiele hierfür können sein, dass der Kunde die Lösung A und der Verkäufer die Lösung B präferiert. Damit meinen wir Situationen, in denen der Verkäufer gerne den Kunden darauf aufmerksam machen würde, dass die durch den Kunden gewählte Lösung für diesen definitiv von Nachteil sein könnte. Wie geht der Verkäufer nun sinnvollerweise mit dieser Zwickmühle um?

Die Lösung ist an sich banal und dennoch effektiv. Er formuliert gegenüber dem Kunden eben genau diese Zwickmühle, die Fachsprache nennt dies „Utilisation von Zwickmühlen" und meint damit das „Nutzen von Zwickmühlen".

Beispiel
- Lieber Kunde, nun habe ich echt ein Problem, nun stecke ich echt in einer Zwickmühle. Einerseits präferieren Sie das Produkt A – und ich respektiere Ihre Meinung! – andererseits würde ich Sie jedoch gerne auf das Produkt B aufmerksam machen, da ich davon überzeugt bin, dass es für Sie besser ist. Wie soll ich nun mit dieser Zwickmühle umgehen?

Letztendlich entscheidet der mündige Käufer und wir als Verkäufer gestehen ihm dieses Recht hierzu. Wir als Verkäufer haben jedoch ebenso Rechte als Ausdruck der wertzuschätzenden Tätigkeit als Verkäufer und Berater, sowie als Menschen per se. Es ist eine Würdigung des

Verkäufers und des Käufers als emanzipierte Menschen, dass sie eben auch über Zwickmühlen reden. Erkennen dies beide Parteien – Käufer und Verkäufer – entsteht ein Verkaufs- und Beratungsvorgang auf Augenhöhe.

Zirkuläre Fragen

Zirkuläre Fragen sind dazu dienlich, in Anwesenheit eines Dritten den Zweiten über diesen „tratschen" zu lassen.

Beispiel
- In Anwesenheit der Begleitung befragen Sie den zu Befragenden zum Beispiel dessen Gegenüber.
- Was denken Sie, möchte an dieser Stelle Ihre Partnerin?

Oftmals sind beide Gegenüber verblüfft, ob der Gedanken- und Erwartungswelt ihrer Begleitung. So können Sie wunderbar Blockaden im Gespräch auflösen.

Schweigefragen

Reden ist Silber – Schweigen ist Gold, sagt ein altes Sprichwort. Dies lässt sich in eine der wirksamsten Fragetechniken umwandeln – dem Schweigen. Mit dem Schweigen erfahren Sie oftmals mehr als mit einer jeden anderen Frage. Haben Sie Mut zur kommunikativen Lücke – dem Schweigen!

Akkusative Fragen

Akkusative Fragen sind anklagende Fragen. Beachten Sie hierzu das englischsprachige Verb *„to accuse"*. Akkusative Fragen sind dazu dienlich, alleine durch das Stellen der Frage einen Vorwurf in den Raum zu stellen. Der Klassiker sind dabei die so genannten Warum- bzw. Wieso-Fragen. Beachtet man jedoch den deutschen Kasus Akkusativ, den „Wen-Fall" bekommen wir einen Hinweis auf einen zweiten Typ der Akkusativ-Fragen. „Wen muss ich dafür verantwortlich machen?" ist ein typisches Beispiel dieser Fragetechnik, die weniger auf Informationsgewinn um der Information willen abzielt, sondern mehr die Aufgabe der Verantwortungszuweisung im Schadensfalle hat. Wir warnen vor dem Einsatz dieses Fragetypus.

Wir als Verkäufer haben die Chance durch Fragen dem Kunden bewusst zu machen, wo, an welcher Stelle und in welcher Form er unbewusstes bzw. intuitives Wissen hat. Nutzen wir Fragen für den Kunden, so ist es unter Anderem ein Ergebnis für den Kunden, dass er z. B. darüber nachdenken und erkennen kann, was ihn in der Vergangenheit erfolgreich machte.

Es gibt definitiv noch weitere Frageinstrumente. Diese seien jedoch an dieser Stelle nicht näher erwähnt, da sie über die Zielsetzung dieses Buches hinausgehen würden.

3.2.9 Schweigen ist Gold

„Die Noten beherrsche ich auch nicht besser als viele andere Pianisten. Aber die Pausen zwischen den Noten – dort liegt die Kunst."

Artur Schnabel, Pianist

Es ist eine Binsenweisheit – aber alleine um der Vollständigkeit sei diese an dieser Stelle ebenso erwähnt –, dass Schweigen ist eines der wirkungsvollsten Instrumente der Kommunikation. Dies lässt sich durch mehrere Überlegungen untermauern bzw. belegen.

Kunden sind es gewohnt, dass der Verkäufer redet. Wasserfallartig. Bösartige Zungen sind dabei durchaus in der Lage zu behaupten, dass ein Grossteil der Verkäufer es sich offensichtlich zur Aufgabe gemacht hat, ihre Kunden ins Koma zu reden. Alleine schon aus dieser Situation heraus – und den sich daraus ergebenden Möglichkeiten der Differenzierung – macht es für den Verkäufer Sinn, sich eher auf das Schweigen zu konzentrieren.

> Achten Sie als Verkäufer bzw. Verkaufsleiter darauf, dass nach der auf eine durch den Verkäufer gestellten Frage, der Kunde Zeit hat, seine Antwort zu geben. Nachdem der Kunde dies tun konnte, warten Sie weitere eine bis drei Sekunden, um mit dieser „Kunstpause" den Kunden zu ermutigen, ein weiteres Mal zu antworten.

Verkaufstipp

Des Weiteren ist es schlichtweg so, dass der Verkäufer, der redet, keine Zeit hat, um Fragen zu stellen. Dies stellt eine Art kommunikativen Transfer des Archimedischen Prinzips auf Unterhaltungen dar. Doch wie will man wissen, was der Kunde denkt, was er benötigt, wenn man lediglich die Vorzüge des eigenen Produktes herausdeutet, anstatt sich der Bedürfniswelt des Gegenübers durch Fragen anzunähern?

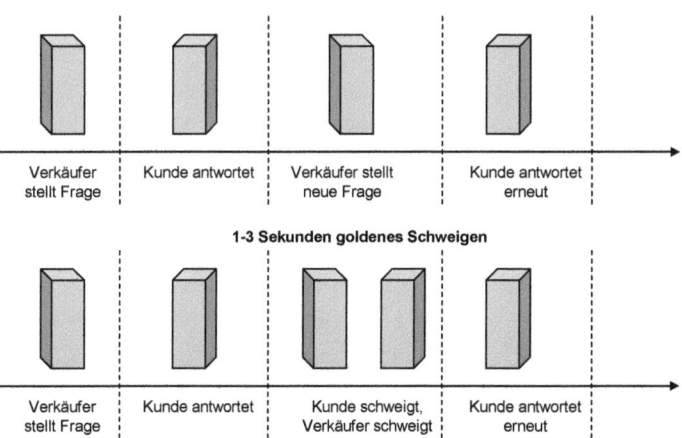

Abbildung 9: „Schweigen ist Gold"

Tiefergehende Beobachtungen haben gezeigt, dass Menschen, nachdem sie geantwortet haben, oftmals zeitverzögert noch ein weiteres Mal willens sind, Aussagen zu treffen. Diese Aussagen sind oftmals inhaltsschwerer, als die zuerst getätigte Aussage. Woran liegt das? Nun, es gilt zu vermuten, dass dies zwei Grundlagen haben könnte. Zum einen fordert das Schweigen den Erzählenden auf, noch einmal das durch ihn Gesagte zu überdenken. Schweigen wird bisweilen als derart „brutal" empfunden, dass man jedoch vorsichtig damit umgehen muss. Schweigen ist eine der intensivsten Interventionstechniken, die es umsichtig anzuwenden gilt. Das akkusative Element des Schweigens ist dabei nicht wegzudiskutieren und die kommunizierenden Partner müssen aus Respekt voreinander und der „gemeinsamen Sache" (dem Verkaufsabschluss) sensibel und liebevoll mit diesem doppelschneidigen Schwert umgehen. Abzurunden sind diese Aussagen durch Beobachtungen des Autors, dass es bisweilen einen dünkt, dass Menschen das Schweigen brauchen, um erst einmal das eigene Gesagte zu hören, dieses zu hören und sich dabei der Unzulänglichkeit der eigenen Aussage bewusst zu werden, um diese dann „zu optimieren".

3.2.10 C-Level-Selling

Einer der größten Herausforderungen im Verkauf ist es, den Kontakt zu den mächtigen Kaufbeeinflussern im Unternehmen aufbauen zu können. Diese lassen sich zumeist auf der Ebene der Vorstände, Geschäftsführer und Business Unit-Leiter finden. Wir wollen an dieser Stelle der amerikanischen Terminologie folgend, diese Gruppe als so genanntes Senior Management oder C-Level-Management bezeichnen (das „C" des Begriffs C-Level entsteht aus den amerikanischen Vorstandsbezeichnungen CEO, CFO, CSO, etc.).

Es gibt nach unserem Dafürhalten mindestens zwei Ansätze, die sich prinzipiell unterscheiden – aber dennoch gut kombinieren lassen. Der eine ist die erhoffte Antwort des Stossgebetes eines jeden Vertriebsaußendienstmitarbeiters – „Lieber Gott, gib´ mir die notwendigen Kontakte." Kommerzielle und bisweilen auch professionelle Anbieter versprechen und halten in einigen Fällen die Kontaktanbahnung mit entsprechend einflussreichen Kaufbeeinflussern. In eine ähnliche Richtung geht die Idee mit dem „Ich sollte mal mit dem Golf spielen beginnen." Letztendlich steht oftmals hinter diesen Ansätzen jedoch der Wunsch, an Erfolg ohne Arbeit zu kommen. Doch wenn Leistung als die über die Zeit abgegebene Arbeit (physikalisch) definiert ist – und wir die Anwendbarkeit dieser einfachen mechanischen Formel auf das Gebiet des C-Level-Sellings voraussetzen dürfen – dann ist es dadurch rechtens anzunehmen, dass dies nicht zwingend zum gewünschten Erfolg führt. Oder glauben Sie ernsthaft, dass ein Vorstand sich in seiner wenigen freien Zeit auch noch auf den Golfplatz von einem jeden Verkäufer „anquatschen" lassen will? Respekt tut Not!

Und eben genau dieses geringe Quantum an Zeit, die diesen Einflussreichen gegeben ist, bietet auch die Chance für den erfolgreich agierenden Verkäufer. Zum einen hat dieses Management wenig Zeitpotentiale bzw. Aufmerksamkeitspotentiale, die sie einem Anrufer, Schreibenden oder anderweitig Kontaktsuchenden beimessen können. Daher muss der Kontakt „sitzen". Interessante Untersuchungen wurden durch Miller[29] publiziert und bieten die Grundlage der Ideen, die wir dem Lesenden im letzten Abschnitt dieses Kapitels anbieten wollen.

Des Weiteren hat dieses Top-Management oftmals eine systemimmanente „Behinderung" – ihre Position „verblindet" sie, d.h. durch ihre Position werden sie nicht selten von Informationen abgeschnitten. Doch Informationen sind entscheidend, wenn es gilt den „Unternehmenstanker" sicher durch unruhige Gewässer zu steuern. Wenn Sie also an entsprechende Kaufbeeinflusser herantreten, dann sollten Sie die Informationen, die Sie weiterzugeben gedenken, auch vorher gut sortiert haben. Überprüfen Sie doch einfach im Vorfeld, ob Sie in dieser Position diese Informationen auch benötigen würden und in welcher Form Sie diese gerne aufbereitet vorfänden.

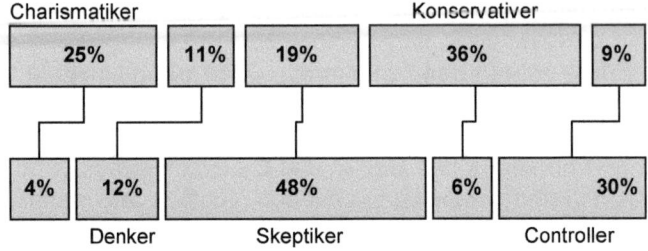

Quelle: Miller Heiman Research Study 1999-2001

Abbildung 10: Miller Heiman Gap-Analyse

In einer bemerkenswerten Publikation hat Robert B. Miller[29] die Realität in der internationalen „Präsentationswelt" untersucht und dargestellt. Nach wie vor dominiert die Powerpoint-basierte Darstellung der Verkäuferwelt, in der die Selbstbeweihräucherung deutlich vor den Kundenbedürfnissen rangiert. Nicht selten führt dies zu einer massiven Anhäufung von Langeweile im Auditorium. Eingedenk der knappen Zeit kommt dies einer verkäuferischen Katastrophe gleich. Zudem werden die Standpunkte bzw. die Betrachtungsweise des C-Level-Managements wenig gewürdigt. Mit der Miller'schen Arbeit liegt unseres Wissens nach der einzige ernstzunehmende Verkaufsprozess vor, der die Vorgehensweise eines erfolgreichen Verkaufens an der Unternehmensspitze beschreibt.

Bei der Betrachtung der obigen Abbildung fallen insbesondere drei Aspekte auf.
- Es gibt 5 „Entscheidungsstile".
- Es gibt zwei zentral bedeutsame Entscheidergruppen.
- Die beiden wichtigsten Entscheidergruppen werden nicht adäquat berücksichtigt.

Achten Sie daher darauf, dass Sie bei Ihrer Vorbereitung zu entsprechend wichtigen Verkaufsgesprächen genau darüber informiert sind, zu welchem Entscheidungsstil Ihr Gegenüber neigt und arbeiten Sie die Information entsprechend auf. Wenn Sie hierzu keine Information erhalten können – an dieser Stelle sei noch einmal die Bedeutung des Coaches hervorgehoben! –, dann gehen Sie davon aus, dass es sich bei Ihrem Gegenüber um einen konservativen oder charismatischen Entscheider handelt.

Es gibt jenseits dieses strukturierten und sehr hilfreichen Instruments jedoch eine viel prinzipiellere Erkenntnis, die implizit dieser Studie zu entnehmen ist. Verkäufer stellen zumeist viel zu wenige Fragen und wissen daher oftmals viel zu wenig über ihre Kunden. Wir drängen daher in unserem Beratungsalltag immer darauf, die Mitarbeiter durch geeignete Workshops auf die wesentlichen Fragen zu fokussieren. Hat der Verkäufer für sich verstanden, was das Top-Management bewegt und welche Informationen er wie zu präsentieren hat, dann ist er zumeist in der Lage, dies auch hochproduktiv umzusetzen.

Welche Informationen bräuchten Sie an der Stelle Ihres Kunden? Wie würden Sie diese aufbereitet haben wollen? Welche Informationen bräuchten Sie nicht? Sind die Informationen wichtig für Sie als Verkäufer oder wichtig für Ihren Kunden? Rührt Ihr „schlechtes Bauchgefühl" beim Gedanken an Ihren nächsten Top-Management-Kontakt daher, dass Sie im Grunde wissen, dass die Informationen, die Sie geben wollen, möglicherweise nicht relevant sein könnten? Welche Fragen könnten Sie stellen? Anstatt welcher Aussagen, die Sie treffen wollten?

Fokussierungsfragen

3.3 Prozesse des Beziehungsmanagements

Wir unterscheiden an dieser Stelle Prozesse des Beziehungsmanagements von Prozessen des Verkaufsmanagements. Während letzteres in erster Linie

- das Generieren von Verkaufschancen und
- das Managen von Verkaufschancen

zum Ziel hat, geht es bei den Prozessen des Beziehungsmanagements weniger um Prozesse des reinen Verkaufens, also Prozesse, die auf ein konkretes Abschlussziel hinauslaufen, als um das hochproduktive Management von

Beziehungen zu wichtigen Kunden und Vertriebspartner. Wir unterscheiden dabei zwei Prozesse des Beziehungsmanagements – das Schlüsselkunden-Beziehungsmanagement (Key Account Management) und dem Vertriebspartner-Beziehungsmanagement (Channel Partner Management).

3.3.1 Key Account Prozesse

Seit den 70ern des letzten Jahrhunderts steigt der Einkaufsdruck großer Handelsketten. Dies führte zum Aufkommen des Instruments des Key Account Managements[30]. Verschiedene Autoren und kommerzielle Anbieter haben Module entwickelt, die mehr oder weniger gut dafür dienlich sind, erfolgreich Key Account Management zu betreiben. Die Aufstellung erhebt nicht den Anspruch, sondern bildet lediglich unseren subjektiven Kenntnisstand ab.

Bevor wir jedoch die einzelnen Modelle darstellen, sei an dieser Stelle zuerst eine andere Frage aufgeworfen.

Wer oder was ist ein Key Account?

Der Begriff Account an sich stellt schon eine interessante Benennung dar. So mag zwar im Englischen der Begriff Kunde und Konto der gleiche sein, jedoch offenbart dies auch das dahinter liegende Denken. Der Kunde wird primär als Zahlungspartner verstanden. Dieses Denken mag verständlich sein – auch wir erwischen uns gelegentlich als in diesem Weltbild verhaftet –, jedoch schlagen wir ein alternatives Weltbild zur Diskussion vor.

In diesem spielt der Kunde die Rolle des gleichwertigen Partners, der entscheidend zur Überlebensfähigkeit unserer eigenen Organisation beiträgt. Überspitzt formuliert sind somit die Probleme des Kunden als die Grundlage unserer eigenen Existenz anzusehen. Wenn man also formulieren möchte, dass der Anbieter im überzeichneten Sinne der Aussage von seinem Kunden lebt (nicht parasitär!), dann ist der Kunde weitaus mehr als nur ein reines Konto, eine Ansammlung von Zahlen. Hingegen empfinden wir es sinnvoller, wenn wir unseren Kunden als autopoietisches System[31] verstehen, dessen berechtigter Anspruch zu überleben durch uns glücklicherweise unterstützt werden kann.

Wir stoßen in unserer Arbeit bei unseren Klienten immer wieder auf Definitionen bzw. Selektionen für Schlüsselkunden, die sich primär an der aktuellen Größe des Unternehmens bzw. des Umsatzes orientieren. Dies ist sicherlich sinnvoll – kurzfristig. Wenn man jedoch im Sinne Fredmund Maliks und anderer Systemiker den Sinn bzw. die Aufgabe eines jeden Unternehmens primär in der eigenen Existenzsicherung sieht, dann macht es Sinn Schlüsselkunden primär danach zu selektieren, welchen Beitrag sie zur Überlebenssicherung der eigenen Unternehmung zu leisten imstande sind. Der Leser mag vielleicht einwenden, dass aktuelle Umsätze sehr wichtig für die Existenzsicherung sind – und wir stimmen hier in aller Deutlichkeit zu! –, aber wir plädieren an dieser Stelle für eine Sichtweise, die deutlich über den Tellerrand des nächsten Quartals hinausreicht, für eine Sichtweise, die die Beziehungsebene der nächsten drei Jahre zu definieren und beeinflussen imstande ist. Zusammengefasst wollen wir damit zum Ausdruck bringen, dass wir deutlich zwischen Groß- bzw. Schlüssel-Kundenmanagement unterscheiden. Unsere Ausführung fokussieren im Wesentlichen auf die Schlüsselkunden. Zuvor möchten wir an dieser Stelle eine vielleicht ungewöhnliche Frage aufwerfen.

Woran merkt der Kunde, dass er Schlüsselkunde ist?

In vielen Fällen beobachteten wir, dass Kunden als Schlüsselkunden geführt und behandelt wurden, ohne dass sie davon wussten. Damit verpuffte eine Großteil der investierten „Verkaufsenergie", da zwar der Kunde die Vorteile der Schlüsselkundenbehandlung gerne annahm, sie für ihn jedoch nichts Besonderes war, er sich lediglich als „normaler" großer Kunde wahrnahm. Wir empfehlen daher das „Küren" eines normalen Kunden zum Schlüsselkunden ihm gegenüber deutlich kundzutun, und mit adäquaten „Inauguralien"[32] zu krönen. Diese Ernennung muss eine kommunikative Intervention sein, die vom Kunden auch als solche wahrgenommen werden muss.

Vor dem Küren sollte man jedoch mit dem Kunden sehr genau abklären, was er sich unter einer Schlüsselkunden-Behandlung vorstellt. Der eigenen Größe und Marktmacht ist er sich zumeist bewusst, diese ihm dadurch zu verdeutlichen, indem man ihm ein reines Mehr an Skonto und Boni bzw. optimierte Lieferkonditionen anbietet, ist zum einen kontraproduktiv für die eigene Rendite, zum anderen würde er etwas Anderes eh nie erwarten. Zudem geht er nach kurzer Zeit zur Tagesordnung über, und die gewährten Rendite-minimierenden gewährten Vorteile verpuffen ohne Wirkung. Es bedarf also eines „Mehr".

St. Gallener Key Account Konzept[33]

Das St. Gallener Konzept ist aufgrund der exponierten Stellung des Hauses mit hinreichend Aufmerksamkeit bedacht worden. Es basiert auf dem Harvard Business Konzept und geht von einer Win-Win-orientierten Betreuung zentralbedeutsamer Kunden aus.

Der erste Schritt im St. Gallener Key Account Konzept sieht die sinnvolle Auswahl der Schlüsselkunden vor. Diese sind durch den Fokus der Geschäftsleitung vorbestimmt. Die Kriterien, die zur Auswahl der Key Accounts als die sinnvollen definiert werden, sind mit der Deckungsbeitrag-orientierten Kundenprofitabilität sowie dem Referenzpotential benannt. Somit sind sie primär aus der Anbieterorganisation heraus definiert; eine Beurteilung, inwiefern das „Küren" zum Key Account für die Abnehmerorganisation von Relevanz ist bzw. von dieser überhaupt erwünscht wird, unterbleibt.

Sinnvollerweise gehen die Autoren des St. Gallener Key Account Konzeptes von einer bevorzugten Behandlung aus.

Key Account Management nach Homburg[25]

Homburg definiert Key Account Management über die „5 Entscheidungsfelder des KAMs".

- Welche Abteilungen bzw. Personen werden ins KAM eingebunden?

- Für welche Kunden wird ein KAM eingerichtet?
- Was wird für Key Accounts geleistet?
- Wie systematisch erfolgt das KAM?
- Von wem werden die Key Accounts betreut?

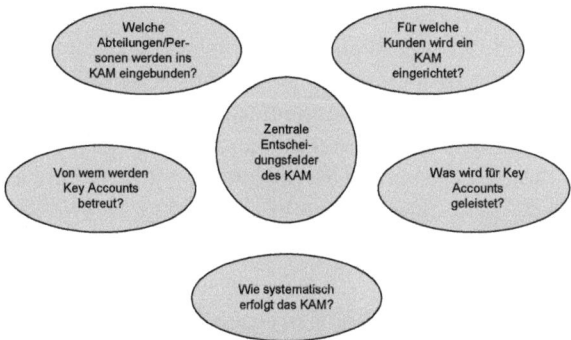

Abbildung 11: Entscheidungsfelder des KAMs[34]

Dies verfeinert er anschließend zu einem prozessorientierten Ablaufschema, welche in der nachstehenden Abbildung dargestellt ist.

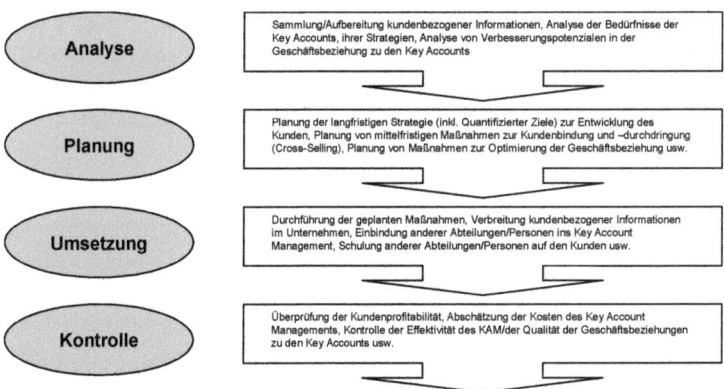

Abbildung 12: KAM als Prozess[35]

Diese dabei dargestellten Punkte sind allesamt als richtig und sinnvoll, jedoch als zu ungenau für die vertriebliche Praxis einzustufen. Nach unserem Dafürhalten mag zwar die Aussage „Sammlung kundenbezogener Informationen" richtig sein, aber in der Praxis scheitern genau an diesem Punkt viele Verkäufer und Key Account Manager. Ihre bisweilen nicht vorhandene Fähigkeit, Informationen zu bewerten und zu selektieren, veranlasst Sie oftmals dazu, Fluten an Informationen zu erzeugen. (Die anlässlich von Vertriebsmeetings kilometerlang zusammengetragenen Ordnerschlangen sind berühmt und gefürchtet!) Wir wollen uns daher an dieser Stelle ein wenig mehr Raum lassen, um die an sich richtigen beiden vorgenannten Modelle ein wenig zu präzisieren.

3.3.2 Schlüsselkunden-Management

An dieser Stelle schlagen wir Ihnen daher die Module zur Verwendung vor, die wir in unserem Beratungsalltag als „Aufmerksamkeitsmagnete" bezeichnen. Unseren Vorstellungen folgend, sollte die Aufmerksamkeit des verkäuferischen Tuns auf diese zentralen Arbeitsschritte fokussiert werden, um so eine hohe Produktivität zu erzeugen.

Gleichzeitig verstehen wir diese Module als Element der Führung bzw. des Verkaufsmanagements, welches Fokussierungs- und Bewertungsinstrument zugleich darstellt. Wir werden auf diesen Punkt noch im weiteren Verlauf des Buches zu sprechen kommen. Somit dienen die von uns vorgeschlagenen Instrumente dem Management nach Innen wie nach Außen.

Kundenbesitz　　Bevor wir nun in medias res gehen, ein kurzes Wort an dieser Stelle zum Thema „Kundenbesitz". Angesprochen ist damit der ewige Streit zwischen „normalem" Außendienst und dem „Herrn Key Account Manager". Teilweise nachvollziehbar monieren die Außendienstmitarbeiter eine Umetikettierung „ihres" Kunden zum Key Account, da sie sich um die Früchte ihrer oftmals jahrelangen Beziehungsarbeit am Kunden gebracht sehen. Dies ist verständlich, entgegen zu halten ist jedoch, dass kein Verkäufer „seinen"

Kunden besitzt. Ein hohes Maß an Assoziation den eigenen Kunden gegenüber ist notwendig, aber ab einem gewissen Punkt wird sie gefährlich. Fraternisierung mit dem Kunden (und was wäre das anderes als ein sich im Umkehrschluss ergebender Loyalitätsverlust dem eigenen Unternehmen gegenüber?) und daraus resultierend Preisverfall sind die Konsequenz. Des Weiteren – und dies ist mit Nachdruck zu unterstreichen! – besitzt niemand den Kunden, außer der Kunde sich selbst. Bestenfalls wird die Kundenbeziehung durch die beiden Beziehungsparteien Anbieter und Abnehmer besessen, d.h. der Gegenstand des Besitzes ist die Beziehung, nicht der Kunde selbst.

Sollte also ein Mitarbeiter, egal in welcher Position, darauf aufmerksam machen wollen, er stimme der „Abgabe seines Kunden" an einen anderen Außendienstmitarbeiter nicht zu, so ist diesem ersten Mitarbeiter deutlich klarzumachen, dass nicht er den Kunden besitze, sondern „der Kunde für die Überlebensfähigkeit der Organisation" von Nöten sei und damit jegliche Anbieter-interne auf Machtrangeleien basierende Grundüberlegung kontraproduktiv seien. Fragen Sie doch einfach anstatt dessen den konkreten Kunden, er wird schon wissen, wen er sehen will, wer den Besuch und die Betreuung durchführen soll. So manches Verkäufergesicht dürfte sich bei den Antworten des Kunden unangenehm berührt verziehen.

3.3.2.1. Das Fundament

Das Fundament ist die Basis eines jeden solid gebauten Hauses. Das Fundament einer jeden Kundenbeziehung ist die gegenseitige Absichtserklärung die Qualität und die Quantität der Beziehung betreffend, mag sich diese nun implizit aus dem gegenseitigen Tun und Handeln erschließen oder anderweitig, z. B. verbal zum Ausdruck gebracht werden.

Zentrale Fragen

- Welche Beziehung wollen Sie haben?
- Welche Beziehung will Ihr Kunde haben?
- Besteht Kompatibilität bzgl. der Beziehung?

- Welche Ziele verfolgen Sie mit dem KAM?
- Welche Ziele verfolgt Ihr Kunde in seiner Rolle als Schlüsselkunde?
- Sind die Ziele kompatibel?

Wir gehen von einem Weltbild aus, in dem beide Seiten zu den Architekten einer gemeinsamen Beziehung werden sollten. Jedoch – und dies stimmt uns sowohl traurig als es auch jegliche Ansätze zur Steigerung der Verkaufsproduktivität im Key Account Management ad absurdum führt – lässt sich in der Praxis regelmäßig beobachten, dass der Key Account Manager den Kunden nicht zu seinen Beziehungsabsichten befragt. Stattdessen regieren Annahmen die Absichten des Kunden betreffend („Der will´s ja eh nur billiger haben") und das Prinzip Hoffnung, der Kunde möge ebenso eine faire Partnerschaft im Sinne haben.

Win fast – lose fast

Wir empfehlen an dieser Stelle unseren Klienten diese Fragen in einem ersten Workshop intern zu klären, um diese dann in einem zweiten Workshop zusammen mit dem Kunden zum Gegenstand der gemeinsamen Gespräche zu machen. Dies stellt zwar eine ungewöhnliche frühe Integration des zukünftigen Schlüsselkunden dar, hat aber auch den Vorteil der zügigen Realisierung des „win fast, lose fast"-Prinzips.

3.3.2.2. Das Arbeitsfeld

Erstaunlicherweise finden wir in unseren Klientenorganisationen (ebenso wie bei der Analyse von nicht durch uns betreuten Unternehmungen) zumeist die Vorstellung vor, dass ein Schlüsselkunde in Gänze zu betreuen sei. Dies ist jedoch für die meisten Unternehmen ein in vielen Fällen deutlich zu großes Unterfangen. Oftmals gewinnen wir dabei den Eindruck, dass es eher die Gier nach dem „großen Kunden" als der gesunde Menschenverstand ist, der Unternehmen und deren Verkaufsmitarbeiter nach den großen Bissen schnappen ist. Doch die Magenschmerzen lassen sich verhindern.

Zusätzlich – und dieser Aspekt darf insbesondere bei sehr großen bzw. auch multinationalen Organisationen nicht vernachlässigt werden – weiß diese Abnehmerorganisation selbst nicht um die Vorgänge in den eigenen Reihen. So ist es eine der wichtigen Aufgaben des Key Account Managers, die Abnehmerorganisation tendenziell besser zu kennen, als dies für sie selbst möglich ist.

Es ist die Position als „interner Externer", die den Key Account Manager für die Abnehmerorganisation so wertvoll macht. Seine Vogelperspektive ermöglicht Vernetzungen von Bedarfen, Chancen und Möglichkeiten, zu der die Abnehmerorganisation aufgrund ihrer internen Verblindung oftmals nicht mehr in der Lage ist.	**Verkaufstipp**

Zentrale Fragen
- Welchen Bereich beim Kunden wollen wir managen?
- Welchen Bereich beim Kunden will der Kunde gemanagt wissen?
- Welche Bereiche lassen sich sinnvoll vernetzen?
- Entsteht aus der Vernetzung bereits ein Benefit für den Kunden? Wenn ja, wie und wann kommunizieren wir diese?

3.3.2.3. Die Position beim Kunden

Nüchternheit ist ein wichtiges kaufmännisches Prinzip, welches jedoch nicht in allen Teilen einer Organisation gleichmäßig verteilt ist. So neigen Verkäufer tendenziell zu euphorischem Verhalten, eine Eigenschaft, die dringend von Nöten ist, um dieser emotional anspruchsvollen Tätigkeit nachzugehen. (Im Vertrieb strotzt die Sprache von militärischen Ausdrücken. So sehen sich Vertriebsmitarbeiter ständig unter dem Dauerfeuer des Kunden, müssen Fallen und Minen umgehen und empfinden sich als Fremdspäher hinter den gegnerischen Linien). Dies führt u. A. dazu, dass die Position beim Kunden überschätzt wird. Wir empfehlen daher das bewusste Nutzen von „nüchternen und harten" Fragen, die einer Kombination aus Kompass und Landkarte gleich den Key Account Manager dazu in die Lage versetzen, seinen aktuellen Standort zu bestimmen.

Zentrale Fragen

- Wie hoch ist die Priorität für uns?
- Wie hoch ist die Priorität für den Kunden?
- Wie ist unsere Position beim Kunden (in unseren Augen)?
- Wie ist unsere Position beim Kunden (in seinen Augen)?
- Woran machen wir diese fest?

3.3.2.4. Die Beeinflusser

Es werden 6 diskrete Typen der Beeinflussung unterschieden.

- Machtpromotoren
- Prozesspromotoren
- Fachpromotoren
- Machtopponenten
- Prozessopponenten
- Fachopponenten

Auf die Details dieses Modells gehen wir in Kapitel 3.3.4 näher ein. Wichtig ist an dieser Stelle darauf hinzuweisen, dass insbesondere die Personengruppe der Machtpromotoren bzw. Machtopponenten gerne unzureichend hinsichtlich Frequenz und Qualität betreut wird. Wir fordern alle Key Account Manager und deren Vorgesetzte nachdrücklich dazu auf, diesen Aspekt besonders deutlich zu hinterleuchten, um damit drohende Beziehungsverluste zu Key Accounts zu vermeiden.

3.3.2.5. Verkaufserfolge

Verkaufserfolge stellen Indikatoren einer konstruktiven Zusammenarbeit dar. Sie zu kennen bedeutet sinnbildlich gesprochen, die sichere Fahrrinne des Verkaufens zu kennen. Zudem lässt sich an ihnen erkennen, wo Sie in Ihrer Rolle als Verkäufer durch den Kunden positioniert werden.

Bleibt man im Bild der Fahrrinne, so ist jedoch zu bemerken, dass ein unfallfreies (d.h. ohne Verkaufsmisserfolge versehendes) Befahren der Rinne noch lange nicht besagt, dass man die optimale Linie gefunden hat. Vielleicht gibt es einen optimierten Weg. So ergibt sich zwingend die verkäuferische Notwendigkeit, sich ständig auf den Weg zu neuen Käselagern[36] aufzumachen, die sicher beschiffbaren Fahrrinnen zu nutzen und zugleich jegliche Grundberührungen (Verkaufsmisserfolge, siehe weiter unten) als Informationsquelle zu nutzen.

Zentrale Fragen
- Listen Sie die größten (abgeschlossenen) Verkaufserfolge der letzten drei Jahre auf.
- Listen Sie größten (laufenden, noch nicht abgeschlossenen) Verkaufserfolge auf.

3.3.2.6. Probleme und Lösungen

Ihr Kunde hat „Probleme", Themen, die ihn beschäftigen. Haben Sie die passenden Lösungen dazu? Diese Themata sind der Grund, warum er überhaupt mit der Anbieterorganisation zusammen zu arbeiten bereit ist. Finden Sie diese Hebelpunkte, legen Sie diese offen und besprechen Sie mit Ihrem Kunden partnerschaftlich potentielle Lösungen. So wachsen Sie vom reinen Produktlieferanten zum (strategischen) Lösungspartner.

Zentrale Fragen
- Welches sind die Probleme und Sorgen Ihres KA (sowie Ihre eigenen)?
- Welche Probleme konnten Sie bereits lösen? Gibt es „Problemmuster"?
- Bei welchen „Problemmustern" konnten Sie besonders gut helfen bzw. auch besonders viel Rendite für sich und Ihr Unternehmen und das Unternehmen Ihres Kunden erzeugen?
- Wie lauten Ihre dazu passenden Lösungen

3.3.2.7. Verlorene Verkaufsvorgänge

Dieser Teil ergänzt die Ausführungen des Abschnitts 3.3.2.5. Während die meisten Verkäufer wenig begeistert sind, diese Untiefen zu berühren, bewerten wir diese als Chance, mehr über den Kunden und seine Bedürfniswelt zu erfahren. Diese Klippen, an denen wir sinnbildlich gesprochen zerschellten, weisen uns zusammen mit den Verkaufserfolgen den Weg zu einer für beide Seiten Renditeerzeugenden Zusammenarbeit.

Zentrale Fragen

- Welche Verkaufsvorgänge haben Sie an welche Konkurrenz verloren?
- Was sind Ihre derzeitigen Verkaufschancen?
- An welche Konkurrenz könnten Sie diese verlieren?
- Was lernen Sie aus diesen Verlusten?
- Welche Leistungsportfolios waren besonders verlustreich?

3.3.2.8. Die richtigen Produkte

Welche Ihrer Produkte bringen Rendite? Ist der Kunde wirklich an allen Produkten interessiert? Wenn nein, müssen Sie dann alle Produkte bewerben?

Verkaufstipp	Das Bewerben von Produkten und Leistungen kostet Zeit. Wie zeitelastisch sind Ihre Produkte? Können Sie ein Produkt (idealerweise mit hoher Rendite) stärker fördern als ein anderes, wenn Sie zwei Stunden pro Wochen mehr dafür investieren?

Diese Fragen sind dazu dienlich, Sie auf die „Renditebringer" zu fokussieren. So wie Sie sich idealerweise bei allen Kunden überlegen, welche Produkte und Leistungen sinnvollerweise zu bewerben sind, so sollten Sie dies insbesondere bei ihren wichtigsten Kunden tun.

Zentrale Fragen

- Welche Produkte wollen Sie verkaufen?

- Wieviele Produkte kauft Ihr Kunde?
- Renner/Penner-Listen
- Chancen zum Cross-Selling
- Chancen zum Up-Sellling
- Was braucht ihr Kunde in 3 Jahren?

Nachdem Sie verstanden haben, welche Produkte insbesondere von Interesse für Ihren Kunden sind, sollten Sie nicht zögern zu analysieren, wieso dem so ist. Welche Quintessenz lässt sich dabei erarbeiten? Was sagt dies über Ihren Kunden?

Regelmäßig klagen Verkaufsleiter über die unzufriedenstellende Cross- und Up-Selling-Rate. Wir empfehlen daher an dieser Stelle Korrelationsdiagramme zu entwerfen, die dem Verkäufer oder Key Account Manager als Leitfaden dahingehend dienen, indem sie beantworten, wann und wo er welche weiteren Produkte im Sinne des Cross- bzw. Up-Sellings zusätzlich zu verkaufen imstande ist.

Korrelationsdiagramme

3.3.2.9. Die wahren Benefits

Kein Kunde kauft in Wirklichkeit Produkte oder Dienstleistungen um der Produkte willen. Hingegen erwirbt er bei genauerer Betrachtung diese nur, weil er sich erhofft, einen wie auch immer gearteten Benefit zu erfahren. Diesen gilt es (zusammen mit dem Kunden) sauber herauszuarbeiten. Wir empfehlen an dieser Stelle mit deutlichem Nachdruck ein hohes Maß an Nüchternheit hinsichtlich der Fragestellung, ob Ihre Leistungen, für die Sie als Key Account Manager einstehen, auch wirklich einen hohen Benefit versprechen und auch zu halten imstande sind. Verheimlichte und nicht vorhandene Benefits werden oftmals durch Indikatoren der unterschiedlichsten Art angezeigt, vom schlechten Bauchgefühl des Key Account Managers das Produkt bewerben zu müssen bis hin zu einer an Impertinenz heranreichenden Verweigerungshaltung des Kunden. Oder sollte es uns etwa was sagen, wenn der Kunde partout unsere wunderbaren Produkte nicht erwerben will?

Zentrale Fragen

- Welchen Beitrag wollen Sie für Ihren Kunden leisten?
- Welchen erwünschten Beitrag hat Ihr Kunde formuliert?
- Gibt es Diskrepanzen?
- Um wieviel verbessert sich der Ertrag beim Kunden durch Sie?
- Um wieviel steigern Sie die Produktivität?
- Wie können Sie das belegen?

3.3.2.10. Die Beziehungspyramide

Stufe 1: Liefern von Massenware

Denken Sie an einen Schraubenhersteller, der an die OEMs der Automobilindustrie liefert. Mit hoher Wahrscheinlichkeit werden seine Schrauben als Massenware wahrgenommen. Besitzen diese nur eine durchschnittliche Qualität, so ist er für den „Schraubenverwender" jederzeit austauschbar, der Preis unterliegt einem hohen Druck.

Stufe 2: Liefern von „guter" Massenware

Nun stellen wir uns vor, dass dieser Schraubenhersteller speziell legierte Schrauben vermarktet, z. B. Schrauben, die auch in Anwesenheit hoch aggressiver Chemikalien ihre Stabilität nicht verlieren. Sollte er nachweisen können, dass seine Schrauben besonders langlebig sind – und diese Langlebigkeit für den Käufer auch von Relevanz sei (wieviel Zeit und Geld kostet es den Käufer, korrodierte Schrauben zu ersetzen?) –, dann darf er hoffen, einen guten Preis zu erzielen, der zugleich nicht einem wie in Beispiel 1 dargestellten Preisdruck unterliegt.

Stufe3: Liefern von „guter" Massenware plus Service/Support/Mehrwert

Aufgrund diverser politischer Vorgaben sind Automobilhersteller heute gezwungen, ihre Produkte so zu konstruieren, dass ein hohes Maß an Recycling realisiert werden kann. Dies setzt ein hohes Maß an Wissen um die chemische Zusammensetzung der eingesetzten Materialien voraus.

So kann es ein für den OEM relevanter Service des Schraubenherstellers sein, wenn er dem OEM die exakte chemische Zusammensetzung als Datenblatt liefert. Dieser spart sich an der Stelle den Aufwand, entsprechende Analysen selbst anfertigen zu müssen. Der Lieferant, der dazu nicht in der Lage ist, wird im Wettbewerb um die Lieferrechte mit hoher Wahrscheinlichkeit unterliegen und/oder hohe Preiszugeständnisse hinnehmen müssen.

Stufe 4: Liefern von „guter" Massenware plus Lösen betrieblicher Probleme

Bleiben wir bei unserem Beispiel, dem Schraubenhersteller. Was müsste er leisten, um eine weitere Stufe auf der Beziehungspyramide hoch zu klettern? Er könnte zum Beispiel in der Zusammenarbeit mit dem Kunden feststellen, dass die Montage der Cockpit-Einheit nach dem bisherigen Verfahren drei Minuten dauert und zugleich das Nadelöhr der Produktion ist (um es ganz deutlich an dieser Stelle zu sagen: das Beispiel ist konstruiert). Würde er nun dieses Nadelöhr dadurch beseitigen helfen, indem er spezielle Schrauben konstruieren und fertigen würde, hätte er deutlich positiven Einfluss auf betriebliche Abläufe und (letztendlich auch auf die Rendite) genommen, wenn dieser Produktionsschritt auf 2 Minuten verkürzt wäre und somit nicht mehr das Nadelöhr darstellen würde. So könnte sein Kunde ein Mehr an Produkten herstellen und seinen Ertrag optimieren.

Alternativ dazu ließe sich als Beispiel das Thema der Chemikalienbevorratung heranziehen. Aufgrund diverser Gesetze und Chemikalienverordnungen stellt das Lagern von Chemikalien für alle Unternehmen eine große Herausforderung dar. Es ist daher nicht weiter verwunderlich, dass einige Hersteller chemischer Produkte dazu übergegangen sind, für Ihre Groß- und Schlüsselkunden just in time Lösungsmittel oder andere Chemikalien direkt an die Produktionsstätte zu liefern. Das auf die Straße verlagerte Lösungsmittellager entlastet die Abnehmerorganisation somit hinsichtlich des betrieblichen Problems der Chemikalienbevorratung. Wer will da noch über den Preis reden?

Stufe 5: Liefern von „guter" Massenware plus Lösen unternehmerischer Probleme

An dieser Stelle verlassen wir unseren Schraubenhersteller, nicht ohne in der Automobilindustrie zu bleiben. Die Automobilindustrie hat mit der Vielschichtigkeit ihrer Systemlieferanten oder T1 bis T5-Lieferanten mittlerweile einen hohen Organisationsgrad erreicht. Die Kernkompetenz der OEMs liegt heute im Zusammenfügen der Baugruppen sowie der zielgruppenexakten Vermarktung der fertigen Produkte (PKW, LKW, Motorrad). Im Gegensatz zu früher herrscht eine flache Fertigungstiefe vor, komplette Module wie Sitz und Cockpit werden just in time ans Band geliefert. Einigen Systemlieferanten ist es dabei gelungen, einen Verflechtungsgrad mit ihren Kunden zu erreichen, der eine Trennung nahezu unmöglich macht.

Dies bedeutet zum Beispiel, dass die Entwicklung gesamter Module durch den Systemlieferanten übernommen wird. Beeinflussen diese Module nun den speziellen Charakter des Fahrzeugs, in dem Sinne, dass dies zum Beispiel von Relevanz für die Vermarktung des Fahrzeugs wird, so werden damit gleichzeitig unternehmerische Probleme gelöst (Stufe 5). Wir verstehen dabei das Entwickeln eines Alleinstellungsmerkmals als unternehmerisches Problem, da hierbei auf ganz nachhaltige Art und Weise der zentrale Markenkern des OEMs berührt wird. Denken Sie dabei z. B. an die Frontleuchten des BMWs, die als „Augenring-Leuchten" das Gesicht des Wagens prägten, oder die durch einen schwäbischen Systemlieferanten in den Außenspiegel integrierten Richtungsänderungsanzeiger (vulgo: Blinker), die die Mittelklasse und Oberklasse der Daimler AG kennzeichneten.

Die Beziehungspyramide

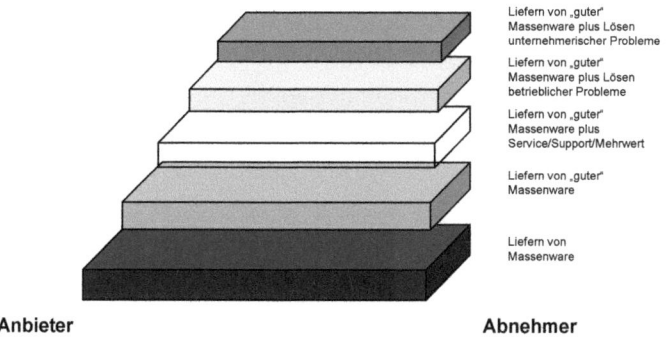

Abbildung 13: Die Beziehungspyramide

Viele Firmen haben tolle Produkte, offerieren wunderbare Dienstleistungen. Dennoch bleiben ihnen überdurchschnittliche Verkaufserlöse verwehrt. Woran liegt das?

> Bedenken Sie, auch die Organisation Ihres Kunden will überleben. Extrahieren und kommunizieren Sie den Beitrag, den Sie zu leisten imstande sind, der die Organisation Ihres Kunden nachhaltig überlebensfähiger macht. Dann ist er auch bereit, sich mit Ihnen auf der organisatorischen Ebene zu verzahnen, dann entsteht eine strategische Partnerschaft.

Verkaufstipp

Bei genauerer Betrachtung ergibt sich zumeist die Erkenntnis, dass diese Unternehmen nie wirklich über Stufe 2 oder 3 hinausgekommen sind. Es fehlt der entscheidende Beitrag zu Rendite und zur Organisation. Bleibt dieser aus, welchen Grund sollte die Anbieterorganisation haben, sich auf eine strategische Partnerschaft einzulassen?

Zentrale Fragen
- Wo stehen Sie heute?
- Wo wollen Sie hin?
- Wo sieht Sie der Kunde?
- Wo will Sie der Kunde haben?
- Mit welcher Frage wollen Sie prüfen, ob Sie angekommen sind?

3.3.2.11. Die Situation des Kunden

Ein Key Account Manager muss die spezifischen Herausforderungen kennen, vor denen sein Kunde sich sieht. Nur wenn er diese kennt, wird er in der Lage sein, zu verstehen, was der Kunde will, braucht oder vermeidet. Nur wenn er die aktuelle Geschäftssituation kennt, wird er in der Lage sein, Vorschläge zu unterbreiten, die für den Kunden in 3 Jahren relevant werden.

Zentrale Fragen
- Wie verhalten sich seine Erträge?
- Wie ist seine Wettbewerbsposition?
- Was passiert beim Vorstand?
- Was bewegt den Kunden derzeit am meisten?
- Zeigt Ihr Kunde ein spezifisches Einkaufsverhalten?

3.3.2.12. Reputation und Glaubwürdigkeit

Genießt Ihre Branche einen guten Ruf? Oder hält Ihr Kunde Sie klammheimlich für einen Banditen und Halsabschneider? Verzeihen Sie uns das offene Wort, aber diese Fragen müssen Sie sich stellen. Wie wollen Sie strategischer Partner werden, wenn Ihr Kunde Sie und Ihre Firma mehr für Mitglieder der Mafia oder einer provinziellen Drückerkolonne hält?

In manchen Branchen war es über viele Jahre üblich, „durch Geschenke sich den Kunden gewogen zu machen". Es ist an anderer Stelle bereits hinreichend darüber kommuniziert worden, bis hin, dass an einigen Stellen sogar die Staatsanwaltschaft tätig werden musste. So muss an dieser Stelle dieser Punkt von uns nur dahingehend aufgegriffen werden, dass einem erfolgreichen Key Account Manager die internen Spielregeln des Kunden bekannt sein müssen, um nicht über sichtbare oder unsichtbare Sprengfallen ins Straucheln zu kommen.

Zentrale Fragen
- Wie sieht Ihr Kunde Ihre Branche?
- Verurteilt er spezielle Praktiken?
- Ihre Reputation?
- Reputation des Mitbewerbs?

3.3.2.13. Verwundbare Flanke

Die Analyse der eigenen Schwächen ist eine Aufgabe, die für die meisten Organisationen schwer zu bewältigen ist. Dies ist sowohl nachvollziehbar, da dies auch eine potentielle Gefährdung für die Überlebensfähigkeit einer jeden Organisation darstellt. Die drohende Verblindung verhindert das früh- und rechtzeitige Erkennen drohender Problemszenarien.

Wie kommt es nun zu diesem an sich völlig unlogischen und irrationalen Verhaltens von Organisationen und deren Mitgliedern? Dies liegt in der autopoietischen Grundnatur von Systemen, die dazu neigen, all das, was sie in ihrem Kern in Frage stellt, gezielt auszublenden. Würden diese sich gezielt in Frage stellen, müssten sie bereit sein, die daraus resultierenden Informationen auch in Änderungen umzuwandeln. Das würde jedoch Energieaufwand darstellen. Jegliche Hoffnungen, dass Organisationen sich anders verhalten, sind überflüssiger Luxus bzw. dem Reich der Wünsche und Träume zuzuschreiben. Demzufolge hat das Management bzw. die verantwortlich agierenden Mitarbeiter diese systemimmanente Abweichung von Idealverhalten zu akzeptieren. Im Folgeschluss müssen in den Verkaufsprozess aufmerksamkeitsfokussierende Module bewusst eingebaut werden, die dazu dienlich sind, dieses unerwünschte Verhalten zu unterbinden. Es braucht also eine Routine, die einen jeden Mitarbeiter anhält bzw. „zwingt", sich über das eigene „Fehlverhalten" hinwegzusetzen.

Weiteres Ungemach droht. Werden nun diese Fragen dennoch organisationsintern gestellt, laufen alle Beteiligten Gefahr, die eigene Welt der Annahmen in den Vordergrund zu rücken, anstatt denjenigen zu befragen, der als Einziger diesbezüglich maßgeblich ist – den Kunden! Wir empfehlen daher mit Nachdruck die in diesem Abschnitt erweiterte SWOT-Analysen unter Integration des Kunden durchzuführen, um diesen nicht nur zu befragen, um Informationen zu erhalten, sondern die Befragung als intervenierendes Kommunikationsmittel mit der Zielsetzung der Kommunikationsoptimierung zwischen Anbieter und Abnehmer und einer parallel einhergehenden Kundenbindung zu nutzen.

Zentrale Fragen

- Welches sind unsere verwundbaren Flanken aus unserer Sicht?
- Welches sind unsere verwundbaren Flanken aus Sicht des KAs?
- Welches sind die verwundbaren Flanken des Mitbewerbs aus unserer Sicht?
- Welches sind die verwundbaren Flanken des Mitbewerbs aus Sicht des KAs?
- Wo liegen Chancen Und Risiken?
- Welche ToDos ergeben sich daraus?

Verkaufstipp	Nachdem diese Fragen beantwortet sind, empfehlen wir das Umwandeln von Chancen, Risiken und verwundbaren Flanken in mindestens eine Aktion. Damit sollen die Gefahren reduziert und die vermutlich zu Recht vermuteten Chancen abgesichert werden.

3.3.2.14. Einzigartigkeit

Wieso bedarf es heute mehr denn je der Einzigartigkeit? Wir sehen die Gründe in einer steigenden Reizüberflutung. Jeder Verbraucher, jeder Kunde wird heute täglich mit ganzen Hekatomben an Datenpaketen bombardiert, oftmals mit Informationen, die er gar nicht erbeten hat. Bei einigen Verbrauchern führt dies mittlerweile zu einer Verweigerungshaltung. Verkäufer sind zunehmend mit Fragen wie „Und was sollen Sie mir verkaufen?" konfrontiert. Unsere Antwort in solchen Fällen lautet dann immer recht gerne: „Sunglasses, beautifull sunglasses".

Und genau hier greift das Konzept der Einzigartigkeit ein. Geben Sie Ihren Kunden einen Grund, Sie wahrzunehmen. Einzigartigkeit ist DAS Instrument, um dem Kunden einen für ihn relevanten Hinweis zu geben, warum er Sie beachten und nicht als Teil eines großen Schwarms wahrnehmen soll.

Diese Einzigartigkeit lässt sich nach unserem Dafürhalten nur dann kreieren, wenn Sie die Bedürfniswelt Ihres konkreten Kundens kennen. Es geht also nicht um eine Einzigartigkeit für eine mehr oder weniger große Gruppe von Kunden, sondern um den einzelnen konkreten Kunden. Erst wenn Sie seine speziellen Bedarfe und Bedürfnisse kennen (siehe dazu Kapitel 3.2.2.), sind Sie in der Lage, eine kundenindividuelle, maßgeschneiderte Form der Einzigartigkeit zu schaffen.

Zentrale Fragen

- Wie würden wir unsere Einzigartigkeit ihm gegenüber formulieren?
- Wie würde der Kunde dies aus sich selbst heraus formulieren?
- Wo würde er den Vorteil darin sehen?
- Gibt es Diskrepanzen?
- Wie könnte ich diese Diskrepanz verringern?
- Wie könnte ich hierfür den Beweis antreten?
- Welche ToDos ergeben sich hieraus?

3.3.2.15. Masterplan

Sind all diese Informationen zusammengetragen, so lassen sich diese in Bewertungsbögen schematisiert erfassen sowie daraus die entsprechenden Strategien passend zum jeweiligen Kundentypus ableiten.

- Deselektionsstrategie
- Investitionsstrategie
- Melkstrategie
- Klärungsstrategie

Nachdem diese Arbeit geleistet worden ist, empfehlen wir, die sich daraus ergebenden Maßnahmen mit dem Kunden zu diskutieren. Sie werden erstaunt sein, wie dies die Kommunikation mit dem Kunden positiv zu beeinflussen imstande ist.

3.3.3 Bewertung von Key Accounts

Wir schlagen zur Bewertung von Key Accounts vier Achsen als Beurteilungskriterien vor:

Beurteilungskriterien	Mögliche Attribute
Qualität der Beziehung	kompetitiv indifferent kooperativ strategisch
Dauer der Beziehung	kurzfristig mittelfristig langfristig
Innovationskraft des Kundenunternehmens	niedrig mittel hoch
Auftragsgröße bzw. Umsatzanteil	niedrig mittel hoch

Diese Kriterien erscheinen uns geeignet, den notwendigen Kulturwechsel in der Betreuung von Key Accounts herbeizuführen, den wir für Ihre Organisation als relevant betrachten.

> Umsatz ist nur eine Ergebnisgröße. Ziel ist das qualitätsdominierte KAM. So lassen sich Abhängigkeiten vermeiden. Ziel des Key Account Managements muss es daher sein, den Kategoriewechsel von Umsatz nach Dauer der Beziehung bzw. Qualität der Beziehung zu erreichen.

Kulturwechsel

3.3.4 Das Promotorenmodell

Neben der Einteilung nach Webster und Wind muss auch das Wittesche Promotorenmodell[37] Erwähnung finden. In diesem finden sich Fachpromotoren/Fachopponenten und Machtpromotoren/Machtopponenten wieder. Im weiteren Verlauf der Modellentwicklung kamen dann später noch die Typen der Prozesspromotoren und Prozessopponenten hinzu. Ursprünglich als Modell für innovative Beschaffungen gedacht, ließen sich die Ergebnisse jedoch generalisieren und damit auf nahezu sämtliche Beschaffungsprozesse sinnvoll übertragen.

Promotoren fördern den Beschaffungsprozess – von der Initiierung bis zum Kaufabschluss. Hingegen verzögern und behindern Opponenten die Entscheidung. Fachpromotoren sind eher durch ihr Fachwissen charakterisiert und erinnern somit an den Typen des Anwenders, wie er bei Webster und Wind zu finden ist. Machtpromotoren sind hingegen durch ihre hierarchisch fundamentierte Entscheidungsmacht definiert. Prozesspromotoren sind das funktionale Verbindungsglied. Im konkreten Verkaufsumfeld des Kunden muss man sich dabei Abteilungen wie den Einkauf bzw. die Rechtsabteilung oder die technischen Prüfstellen vorstellen, die als eine quasi neutrale Schiedsstelle den Auftrag haben, zwischen den fachlichen und kaufmännischen Interessen der Fach- und Machtpromotoren ein Gleichgewicht herzustellen. Opponenten können auf jeder Ebene identifiziert werden (Fach-, Macht- und Prozessebene). Laut Witte sind sie jedoch schwieriger zu detektieren. Dies begründet er mit den Folgen, die durch die Beschaffung ausgelöst werden. Wir teilen diese Meinung aufgrund unserer Erfahrung nicht. Wir sehen die Schwierigkeiten bei der Informationsbeschaffung zur Person des Entscheiders, da dieser aufgrund seines funktionsimmanenten Zeitmangels zumeist die Bataillone seiner Wächterfunktionen nutzt, um sich nicht mit einer Flut von Verkäufern auseinandersetzen zu müssen.

3.3.5 Channel Partner Prozesse

Channel Partner sind Vertriebspartner. Dabei wollen wir zwei Typen von Vertriebspartner als relevant bezeichnen.

- Offensichtliche Vertriebspartner
- Verdeckte Vertriebspartner

Wir unterscheiden an dieser Stelle, um den Leser auf einen Vertriebspartner aufmerksam zu machen, den man sonst nicht so selbstverständlich "auf dem Radar" hat – den eigenen Mitarbeiter. Dieser wird in der Regel nicht als Vertriebspartner verstanden und damit werden wertvolle Beiträge zur Verkaufsproduktivität verschenkt. Die aktuelle Studienlage[38] zeigt ganz eindeutig die Wettbewerbsvorteile auf, die man zu erzielen imstande ist, so man alle Mitarbeiter als Vertriebspartner versteht. Das Zauberwort heißt *Employer Branding*. Unabhängig von den wichtigen Aspekten dieses Gedankenansatzes wollen wir uns jedoch auf das Thema der "offensichtlichen" Vertriebspartner konzentrieren und die tiefe thematische Diskussion des Begriffes *Employer Brandings* den ausgewiesenen Experten überlassen.

Wer sind dann aus unserer Sicht die offensichtlichen Vertriebspartner? Wir halten uns hier an die bekannten Definition, dahingehend wir einen Vertriebspartner als einen Wiederverkäufer verstehen, der die produzierten Waren und Dienstleistungen weitervermarktet. Jedoch, und hier sehen wir den Unterschied unserer Arbeit zu anderen uns bekannten Gedankenansätzen, verstehen wir daraus ableitend den Fokus unserer verkäuferischen Aufgabe nicht als den Verkauf an den Vertriebspartner, sondern in der Unterstützung des Verkäufers des Vertriebspartners in seiner verkäuferischen Tätigkeit. Dies zieht ein verändertes Arbeiten nach sich.

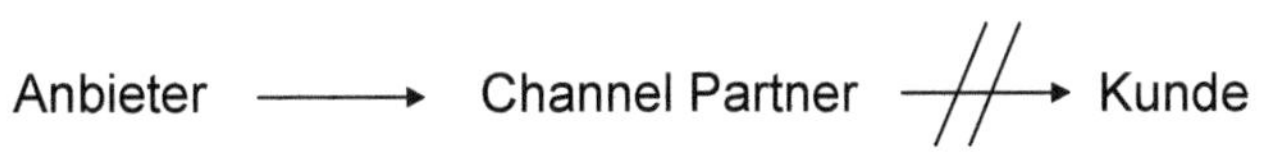

Anbieter
Channel Partner
Kunde

Abbildung 14: Klassisches Vertriebspartner-Verkaufsmodell

Anbieter
Channel Partner
Kunde

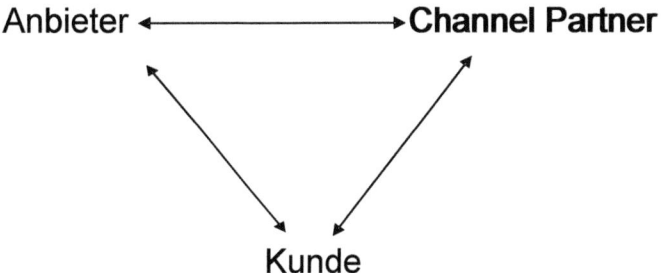

Abbildung 15: Alternatives Vertriebspartner-Verkaufsmodell

Dabei gilt es sehr deutlich zu unterscheiden, ob es sich um eine B2B2B- oder um eine B2B2C-Kette handelt. Unabhängig von diesem Detail gilt es in erster Linie festzuhalten, dass nicht die primären verkäuferischen Fähigkeiten des „Einverkaufens“ gefragt sind, sondern dass insbesondere die Fähigkeit des Channel Partner Managers (also dem, der an den Vertriebspartner „verkauft“) von Bedeutung sind, die auf die Förderung des „Abverkaufs“ beim Vertriebspartner abzielen. Damit ergibt sich sehr zwingend als Voraussetzung für den Channel Partner Manager die Fähigkeit, das Geschäftsumfeld seines Vertriebspartners sehr gut zu kennen. Das bestimmende Denken muss das Fördern des Erfolgs des Vertriebspartners sein, welches in eigene Erfolge umgewandelt werden kann.

So man denn bereit ist, Channel Partner Management weniger als klassischen „invasiven" Verkauf zu verstehen („Drücken Sie ihm die Lager voll, Sie wissen ja, volle Lager erzeugen Abverkaufsdruck."), ergibt sich sehr rasch die Erkenntnis, dass Channel Partner Management ebenso wie Key Account Management als Teil des Beziehungsmanagements verstanden werden kann. Damit rücken „harte" Verkaufstechniken in den Hintergrund, Jointventure wird zum Zauberwort. Somit greifen die gleichen bzw. ähnlichen Instrumente wie die, die wir im Abschnitt Key Account Management bereits beschrieben.

Wir empfehlen dabei insbesondere beim Channel Partner Management darauf zu achten, dass Sie sehr genau analysieren, inwiefern Ihr Vertriebspartner zu einem kooperativen Verhältnis bereit ist und ob Sie wirklich Produkte und Dienstleistungen zu entwickeln imstande sind, die die Interessen und Bedürfnisse der Kunden Ihres Channel Partners (die Kunden Ihres Kunden!) positiv beeinflussen. Ist dem nicht so, stellen Ihre Produkte und Dienstleistungen nicht wirklich einen sinnvollen Beitrag für die Kunden Ihrer Vertriebspartner dar, gilt es zu überlegen, ob Sie sich im richtigen Markt bewegen. Denn wie wollen Sie Erfolg bei Ihrem Vertriebspartner generieren (und diesen dann zu Ihrem Erfolg machen), wenn die Kunden Ihres Kunden keinen Mehrwert für sich erkennen können?

4. Ora et labora

Wie wir bereits in unseren Ausführungen zum Thema Verkaufsproduktivität darlegten, gehört nach unserem Dafürhalten zur Erzeugung einer hohen Verkaufsproduktivität auch die richtige Frequenz des Tuns. Wir sind uns bewusst, dass quantitative und qualitative Aspekte sich bisweilen zu kannibalisieren imstande sind – hohe Frequenz kostet Qualität und vice versa – dennoch werden wir nicht daran vorbeikommen, auch diesem Aspekt eine gewisse Bedeutung beizumessen.

In vielen Branchen wird ein Besuchsschnitt vorgegeben. Dies mag in einigen wenigen rein kontaktgetriebenen Bereichen sinnvoll sein, im komplexen B2B-Verkauf jedoch nicht oder nur im eingeschränkten Maße. Sicherlich wird beim Zeitungsverkauf von Tür zu Tür als vielleicht simplem Beispiel des B2C diese Vorgehensweise erfolgreich sein und eine gewisse Korrelation mit dem Verkaufsergebnis als sinnvoll erachtet werden können – der B2B-Ansprechpartner erwartet jedoch hochwertiges Verkaufen, welches für ihn von Relevanz ist. Nicht zu Unrecht wehrt sich diese Kundengruppe immer intensiver gegen unselektives „Kontakte schrubben". Oder wollen Sie sich behandeln lassen, als ob Sie ein potentieller Monatsabonnent einer Zeitschrift wären?

Woher kommen nun diese unsäglichen Besuchsvorgaben? Wir meinen vier Gründe als relevant erkannt zu haben. Zum einen, weil der ein oder andere Verkaufsleiter schlichtweg keine anderen Instrumente neben dem Umsatz hat, um seine Mitarbeiter zu messen bzw. zu bewerten. Zum anderen ist der Besuchsschnitt, zumeist ein Bestandteil des Arbeitsvertrages, auch in einigen Fällen Anlass einer ausgesprochenen Kündigung geworden. Eingedenk der Tatsache, dass es in Deutschland schwierig ist, einen Mitarbeiter aufgrund Minderleistung zu entlassen (wir wollen dies an dieser Stelle nicht weiter kommentieren), mag dies vielleicht noch akzeptabel sein – zugleich lässt sich dies jedoch aus als Eingeständnis der Hilflosigkeit verstehen.

Angereichert wird dieses Sammelsurium der Gründe noch durch die Tatsache, dass manche Verkaufsleiter ihren „Job" nie von der Picke auf gelernt haben und ihnen so einige Instrumente unbekannt sind. Wir folgen hier den Gedankengängen Fredmund Maliks, der ausdrücklich darauf hinweist, dass Management ein eigener und somit neu zu erlernender Beruf ist.

Unserer Meinung nach gibt es jedoch noch einen weiteren Grund, und dies erscheint uns als der relevanteste, da er die gesamte Denke der „Vertriebswelt" prägt und zum Ausdruck bringt.

Vertriebsmannschaften denken zumeist in einer Kategorie – im Umsatz. Daher werden Außendienstmitarbeiter primär auch an diesem gemessen. Durch die Fokussierung des Mitarbeiters auf den Umsatz macht der Vertriebsmitarbeiter im Idealfall genau das, was er tun soll – er generiert Umsatz. Der werte Leser mag an dieser Stelle schnaufen und mit flehendem Blick nach oben denken „Ja, wenn er nur Umsatz brächte", und wir verstehen dieses Denken sicherlich. Wir glauben jedoch, dass dies die falsche Fokussierung ist. Nach unserem Dafürhalten muss im Vertrieb in Kategorien der Qualität gedacht werden, und nicht in Output-orientierten Kategorien der Quantität, wie z. B. dem Umsatz. Umsatz ist das Ergebnis unseres Handelns, nicht das Ziel. Dieses ist für uns das nachhaltige Überleben der Organisation und daraus resultierend die Größen der Nachhaltigkeit, wie z. B. Kundenbindung und Kundenorientierung. Insbesondere generiert durch die für den Kunden relevanten Lösungen, für die er dann auch zu zahlen bereit ist. Würde diese Verwechslung von Ursache und Wirkung nicht so tief verwurzelt in den Herzen und Köpfen der Vertriebsmannschaften sein, auf dass es sich immer wieder mit Auswüchsen wie dem Besuchsschnitt seinen Weg bahnen würde, dann müsste dieses Thema nicht immer wieder Land auf Land ab diskutiert werden. Besuchsschnitte erzeugen bei hochproduktiven Außendienstmitarbeitern bestenfalls ein Kopfschütteln, schwache Mitarbeiter werden dadurch auch nicht besser, sondern werden lediglich ihre ohnehin unproduktive Arbeitsenergie in die Darstellung der gewünschten Besuchsschnitte umlenken. Wir appellieren dringlich dafür, sich von diesem obsoleten Instrument zu verabschieden. Nichtsdestotrotz spielt die richtige Frequenz des Tuns eine Rolle. Ohne Tun ergibt sich nun mal keine Leistung.

4.1 Frequenz – Die aktive Verkaufszeit optimal nutzen

Wie errechnet sich nun die richtige Frequenz? Damit stellen sich zugleich mehrere Fragen – die nach den unterschiedlichen Arten von Verkaufsaktivitäten, dem Zeitbedarf und der Priorisierung und zuletzt die Frage nach dem, was wir aktive Verkaufszeit nennen wollen. Auf den letztgenannten Punkt gehen wir im Kapitel 4.3. näher ein. Daher wollen wir an dieser Stelle die Punkte

- Arten von Verkaufsaktivitäten
- Zeitbedarf von Verkaufsaktivitäten
- Priorisierung von Verkaufsaktivitäten

besprechen.

4.1.1 Verkaufsaktivitäten – Arten, Zeitbedarf und Prioritäten

Unserer Meinung nach gibt es hier vielfach eine wenig zielführende Konfusion der Begriffe. Fragen wir Verkäufer, so hören wir ganz unterschiedliche Punkte – vom Einräumen eines Regals über das Telefonieren bis hin zum Präsentieren vor einer Geschäftsleitung. Diese operativen Dinge sind es jedoch nicht, die wir meinen, wenn wir von Verkaufsaktivitäten sprechen, zumal einige von diesen Handlungen nicht mal von vertrieblicher Relevanz bzw. nicht von Relevanz für die vertriebliche Kerntätigkeit sind – dem Verkaufen.

Betrachten wir uns also hier noch einmal das Verkaufen bzw. den Verkaufsprozess auf abstrakte Art und Weise.

Der Wassergraben – der erste Ring

Zumeist steht am Anfang die Leadgenerierung, ähnlich dem Wassergraben einer Festung, den es zu überwinden gilt. Hierfür braucht es Telefonbücher, Messekontakte, Datenbanken und andere Formen der Kontaktgewinnung. Wir definieren ein Lead (Verkaufsziel) als eine Entität[39] aus Firmennamen und mindestens einem Ansprechpartner. Zugleich muss mit diesem einem Ansprechpartner zumindest so weit gesprochen worden sein, dass dieser relevante – weil Teilnehmer des Buying Centers! – Kaufbeeinflusser dem Verkäufer gegenüber glaubwürdig machen konnte, dass eine Verkaufschance vorliegt, was auch immer dies im Einzelfall bedeuten mag. Wir empfehlen mit Nachdruck bereits jetzt den Budgetgedanken in den Verkaufsprozess mit einfließen zu lassen, d. h. bereits an dieser Stelle den Verkäufer prüfen zu lassen, ob denn ein Budget für dieses Verkaufsprojekt vorläge.

Hand auf's Herz – wie lange dauert das? Unsere Beobachtung ist die, dass Leads in den meisten Fällen schnell zu generieren sind. Ein guter Messetag und Sie haben gut und gerne 20 Leads. Ähnliches lässt sich mit einem papierbasierten und gut erdachten mehrstufigen Mailing erreichen. Diese Zahl der Möglichkeiten ist Legion. Somit lässt sich der Zeitbedarf zu recht als niedrig einstufen. Wie steht es nun um die Priorität? Darauf soll näher im Kapitel „Verkaufstrichtermanagement" eingegangen werden. Es sei jedoch vorweggenommen, dass wir die Priorität als hoch einstufen.

In diesem ersten Ring sollte nach unserer Erfahrung eine zweite Prüfsequenz eingebaut werden. Wir werfen die Frage auf, ob es sinnvoll ist, einen jeden Kunden verkäuferisch im zweiten Ring (siehe unten) weiterzuverfolgen. Passt der Kunde überhaupt zu Ihnen? Erfüllt er die festgelegten Kriterien, die sie vorab ermittelt und festgelegt haben? Damit stellt sich die Fragen, wie Sie diese Kriterien festlegen können. Wir unterstützen unsere Klienten dadurch, dass wir diese zumeist zu deren Kunden befragen. Eine der zentralen Fragen dieser Workshopsequenz ist die Frage nach den Topeigenschaften der Topkunden.

Der Außenhof – Der zweite Ring

Aus diesem Lead entsteht dann eine Opportunity (Verkaufsgelegenheit), so denn ein Budget vorliegt. Erst dieses Budget berechtigt die Promotion des Leads zur Opportunity. Diese Frage zu beantworten, gleicht bisweilen dem Überwinden des ersten Verteidigungswalls einer Festungsanlage.

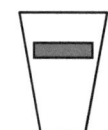

Im weiteren Verlauf des Opportunity-Managements gilt es neben einer Vielzahl von Dingen zu prüfen, ob es eine berechtigte Annahmewahrscheinlichkeit gibt, dass dieses Budget auch für die jeweilige Anbieterorganisation zur Verfügung steht. Es macht nun mal wirklich wenig Sinn, Verkaufschancen weiterzuverfolgen, so davon auszugehen ist, dass die Abnehmerorganisation nicht im geringsten daran interessiert ist, mit uns zu kontraktieren. Diese erste Ebene des Opportunity-Managements wollen wir als die der Opportunity-Generierung benennen.

Der Zeitbedarf ist mit gering einzustufen, auch wenn er größer als der Zeitbedarf der Leadgenerierung sein wird. Die Priorität wird von uns aus noch später näher zu erläuternden Gründen als mittel eingestuft.

Die Festung – der dritte Ring

Nun gilt es die eigentliche Kernarbeit zu leisten – das Buying Center in Gänze zu eruieren, zu verstehen und für sich zu gewinnen. Ab hier „beginnt" nach unserer Definition das Opportunity-Management. Eine Vielzahl von Dingen gilt es hier zu leisten. Wir nennen dies die „Festung erobern", der militärische Ausdruck mag uns hier nachgesehen werden.

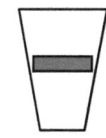

Der Zeitbedarf ist enorm. Hier werden mit die meisten Fehler gemacht, hier verlieren die meisten Organisationen nach unserer Erfahrung die meiste Verkaufsproduktivität, insbesondere weil diejenigen nicht kontaktiert werden, die für das Budget verantwortlich zeichnen. In diesem „Schweinebauch" versacken und verenden die meisten Verkaufsprojekte. Wir räumen (im Gegensatz zu einigen anderen kommerziellen Anbietern) daher bei unserer Arbeit diesen Projekten eine hohe Priorität ein, um eine hinreichende Fokussierung der Verkaufsmannschaft hierfür zu erreichen.

Der Vorhof – der vierte Ring

Nun gilt es in einem vorletzten Schritt sinnbildlich den Vorhof zum Thronsaal zu betreten. Übertragen in reale Verkaufsumgebungen mag das in manchem Verkaufsumfeld, insbesondere dort wo es um komplexe technische Anlage und Systeme handelt (z. B. Hard- und Softwarekombinationen, komplexe Dienstleistungen, etc.), bedeuten, dass die Abnehmer- und Anbieterorganisation das Erstellen eines Pflichten- und Lastenheftes prüfen.

In Industriebereichen, in denen es unüblich ist, Pflichten- und Lastenhefte zu erstellen, mag es die Definition eines mehr oder weniger komplexen Angebotes sein, welches an dieser Stelle anzuführen ist. Unabhängig davon, was es nun im konkreten Fall zu erstellen gilt, eines ist gewiss – der Zeitbedarf wird in nicht wenigen Fällen enorm sein. Den Kunden mit seinen Bedürfnissen, Bedarfen und konkreten Vorstellungen zur Produkt- bzw. Leistungsbeschaffenheit zu verstehen und dieses dann auch noch schriftlich niederzulegen, dauert Stunden, Tage und ggf. auch Wochen und ist somit um Größenordnungen zeitraubender als der Aufwand, den es in Vorstufen aufzuwenden galt. So man bereit ist, Zeit als Geldäquivalent begreifen zu wollen, ergibt sich damit ganz zwanglos das Gebot, dass es nur die Verkaufsprojekte in dieser Stufe zu bearbeiten gilt, die hinreichende Chancen für einen Abschluss beinhalten. Eine vollständige Datenlage zum Buying Center ist daher Grundvoraussetzung.

Zugleich tritt dieser Zeitbedarf aber auch beim Kunden auf. Und genau darin liegt die Bedeutung dieser Stufe für die Verkäuferorganisation. Nur der Kunde, der auf Augenhöhe mit der Anbieterorganisation ist und sich nicht über den Verkäufer zu stellen trachtet, nur dieser Kunde wird bereit sein, diesen Zeitbedarf als Invest in eine gemeinsame Zusammenarbeit, in eine Kooperation der gleichberechtigten Partner, zu tätigen. Ist er dazu nicht bereit, ist davon auszugehen, dass der Kunde nicht im gleichen Maße an einer gleichberechtigten Kooperation interessiert ist.

Obgleich Verkaufsgelegenheiten auf dieser Ebene für die Verkäuferorganisation sehr verlockend sind, da sie recht kurz vor dem Abschluss zu stehen scheinen, sollte man ihnen nicht die höchste aller Prioritäten zuordnen. Diese steht insbesondere der ersten und der letzten Stufe zu. Durch die herbeigeführte Priorisierung wird der Verkäuferorganisation verdeutlicht, wo der eigentlichen Schwerpunkt des Verkaufens liegt – auf der Kaltakquise und dem Verkaufsabschluss. Diese sind die „gefürchteten Disziplinen" des Verkaufens. Denn in beiden droht das Nein des Käufers am deutlichsten.

Der Thronsaal – der innerste Ring

Nun „betreten" wir das Allerheiligste des Verkaufs – den Abschluss. Dabei wollen wir uns nicht mit der Besprechung der verschiedenen Abschlusstechniken beschäftigen – wir sind ohnehin nicht zwingend von der Wichtigkeit und Richtigkeit der gängigen Konzepte überzeugt. Hingegen glauben wir fest daran, dass, so denn der Verkäufer bzw. die Verkäuferorganisation „alles richtig" gemacht haben, an dieser Stelle nur noch wenig zu leisten ist. Es gilt lediglich die eine entscheidende Frage zu stellen, deren Beantwortung an dieser Stelle noch aussteht – ob der Kunde den unterbreiteten Vertrag unterzeichnet, ob er kontraktiert und ob er sich damit zu der auf Papier gebannten Kooperation auf Augenhöhe bekennt.

Der Zeitbedarf ist so hoch, wie das Stellen einer Frage und die Beantwortung derselbigen verzehren mag – ein Wimpernschlag. Im Gegensatz zu diesem geringen Zeitbedarf ist jedoch die Priorität als sehr hoch einzustufen. Dies liegt schlichtweg daran, dass erst nach dem „der Sack zugemacht wurde", in der Verkäuferorganisation der Leistungsübergang erfolgt und somit eine Rechnung gestellt werden kann. Dieser Trichterebene kommt somit die Bedeutung zu, das Geld zu verdienen, welches die Verpflichtung der kurzfristig relevanten Geschäftswochen- und Monate bedient bzw. auch langfristig durch Folgezahlung die notwendige Liquidität des Unternehmens gewährleistet.

Arten	Priorität	Zeitbedarf
Der Wassergraben		
Der Außenhof		
Die Festung		
Der Vorhof		
Der Thronsaal		

Bitte tragen Sie die nach Ihrer Meinung richtigen Antworten ein. Bei Rückfragen bzw. zur Aufdeckung der Lösung steht Ihnen das Autorenteam gerne zur Verfügung.

4.2 Verkaufstrichtermanagement

Über den Verkaufstrichter und das Management desselbigen gibt es in Literatur einiges zu lesen – jedoch konzentrieren sich die meisten Autoren mehr oder weniger auf eine Ableitung der notwendigen Kontaktzahlen der ersten Trichterebene. Ein typisches Beispiel hierfür ist z. B. die 3-mal-7-Regel[40]. Aus diesen Überlegungen wird dann im Umkehrschluss oftmals abgeleitet, dass man nur hinreichend Kontakte auf der ersten Ebene zu leisten hätte, um hinreichend Umsatz zu generieren. Leider schweigen sich jedoch die Autoren zumeist über die notwendigen weiteren Schritte bzw. über die Natur und Inhalte der weiteren Trichterstufen aus. Wir halten dies für nicht ausreichend und für eine ungeeignete Umkehrung der Gegebenheiten. So ist es nach unserem Dafürhalten zwar sinnvoll anzunehmen, dass bei einer branchenübergreifenden durchschnittlichen typischen Gesamtkonversationsrate (hierbei wird der gesamte Verkaufstrichter ausgewertet) von ca. 2 % 50 mal so viele Erstkontakte „geschrubbt" werden müssen, wie Verkaufsabschlüsse benötigt werden, jedoch ist es schlichtweg eine wenig konstruktive Fehlannahme, dass man auch hinreichend Verträge gewönne, so man nur ausreichend Kontakte generieren würde. Dieses Vorgehen gleicht dem unerlaubten Befahren einer Einbahnstraße in falscher Richtung, wie auch die wenn-dann-Korrelationen der Mathematik nun mal nur in einer Richtung beschritten werden dürfen. (Beispiel: Wenn eine „Elternfamilie" aus einem Vater, einer Mutter und mindestens einem Kind zu bestehen hat, dann braucht es dazu auch der Anwesenheit eines Vaters und einer Mutter zur Existenz einer Elternfamilie. Die Anwesenheit von einem Mann, einer Frau und eines Kindes zieht aber noch lange nicht zwingend die Konsequenz nach sich, auf dass es sich dabei um eine Elternfamilie im vorbenannten Sinne handelt. Es kann sich dabei auch um einen Bruder, seine Schwester und um das Kind der zweiten Schwester – also einer Nichte – handeln).

Der Verkaufstrichter kann somit als lineare Abfolge der vorbenannten einzelnen Trichterstufen verstanden werden. Ganz entscheidende Bedeutung kommt beim Management des Verkaufstrichters seiner „Länge" zu, also der Zeit, die es benötigt, um eine diffuse Verkaufsvorstellung („Dem wollen wir das verkaufen.") in einen konkreten Verkaufsabschluss umzuwandeln. Dies erfährt insbesondere dann seine Bedeutung, wenn das Verkaufsumfeld durch kurze Verkaufszyklen und schnelle go-to-Market-Strategien geprägt ist. Ebenso relevant ist dies im Falle des Gegenteils. Wir wollen die Bedeutung der Verkaufstrichterlänge an den exemplarischen Beispielen Flugzeug- und Raffinerieverkauf aufzeigen. Wenn diese beiden Produkte erst einmal verkauft sind, bedarf es für lange Zeit an dieser Stelle keiner weiteren akquisitorischen Bemühungen, da die Budgets auf lange Zeit gebunden sein werden.

Nach unserer Erfahrung werden die entscheidenden Zeit- und Produktivitätsverluste im oberen Teil des Trichters erzeugt, zum einen durch zu wenige Erstkontakte, zum anderen stellt durch das nicht sorgfältige Arbeiten des Verkaufsaußendienstmitarbeiters (indem er z. B. nicht die richtigen Fragen konsequent stellt, um damit für sich zu entscheiden, ob er diese Opportunity weiterverfolgen oder zu deselektieren gedenkt). Dies ist an sich verwunderlich, da die meisten Menschen sich der Theorie der „vielen Eisen im Feuer haben" sehr wohl bewusst sind.

Verkaufstipp	Animieren Sie sich und Ihre Mitarbeiter immer, „zu viele" Eisen im Feuer zu haben. (Es werden eh meist zu wenige sein.) Den Wert, den wir der einzelnen Opportunity beimessen, ist abhängig davon, wie viele Eisen wir im Feuer haben. Sind es viele, schmerzt uns der Verlust eines einzelnen nicht. Damit kleben Sie und Ihre Mitarbeiter nicht am Spinnennetz der wenigen Verkaufschancen.

Ein wichtiger Aspekt des Verkaufstrichters ist, dass er neben seiner Funktion als Instrument des **Kontaktmanagements** auch ein Führungsinstrument und ein Arbeitsmittel für Best Practice-Ansätze ist. Mit dem Trichter können der Mitarbeiter und sein Vorgesetzter erkennen, wo der einzelne Mitarbeiter seine Stärken und Schwächen hat. Im Vergleich der einzelnen Mitarbeiter lassen sich so ausgezeichnete Stärken einzelner Mitarbeiter erkennen und auf alle anderen Mitarbeiter übertragen. Neben diesen Best-Practice-Ansätzen fokussiert der Trichter den Mitarbeiter auf die einzelnen Abschnitte des Verkaufsvorgangs. Diese aufmerksamkeitsfokussierende Wirkung ist hierbei nicht zu unterschätzen. Wir werden dazu später noch zu sprechen kommen.

Die Bedeutung des Trichters liegt nicht alleine in seinem Charakter als Instrument. Dies wäre Ausdruck einer leider oftmals vorhandenen Toolgläubigkeit, die wir für wenig produktiv halten. Der Trichter ist bestenfalls die Landkarte, nicht das Land[51]. Er ist ein Interventionstool, welches die Mitarbeiter fokussiert. Er definiert die Spielregeln, die Bandbreite, in der sich ein Mitarbeiter bewegen darf. Belohnt man das Einhalten der Spielregeln bzw. sanktioniert man deren Überschreitung, kommt es zu einem erzieherischen Effekt, der dazu geeignet ist, das Verhalten des Mitarbeiters in die gewünschte Richtung zu lenken.

Der persönliche Trichter eines jeden Verkaufsmitarbeiters wird unter anderem auch dadurch definiert, wie sich seine **Konversionsrate** verhält. Produktive Mitarbeiter haben eine hohe **Gesamtumwandlungsrate**, d. h. sie sind in der Lage viele der eingesetzten Leads in Verträge umzuwandeln. Interessant ist hierbei auch die Analyse (auch im Sinne eines Best Practice-Ansatzes!) der **Konversationsrate von Stufe zu Stufe**. Hierbei lässt sich erkennen, wo es dem Mitarbeiter (oder einem selbst) besonders gut gelingt, die Opportunity auf die nächste Trichterebene zu „heben"[41].

Was machen wir mit Verkaufsgelegenheiten, die sich nicht nach vorne bewegen lassen? Wollen wir ewig auf diesen „rumbraten"? Wir denken nein. Daher empfehlen wir als weitere Schlüsselkennzahl im Sinne des Best Practice-Ansatzes auch die **Verweildauer** der einzelnen Leads und Opportunities zu messen. Diese **Allokationszeit** ist ein Sinnbild für die Fähigkeit des Mitarbeiters, Bewegung in seinen Trichter zu bringen bzw. kann auch als Hinweis dafür verstanden werden, welches Verkaufsziel das „Richtige" ist. Doch was machen wir mit den weniger produktiven Leads und Opportunities? Wir sortieren sie aus! Dafür müssen **Exitszenarien** entwickelt werden. Diese legen fest, ab wann ein Lead bzw. eine Opportunity nicht mehr durch den Außendienst weiterzuverfolgen sind und müssen daher über quantitative und qualitative Faktoren definiert sein. Auch die Komponente der Verweildauer sollte in die Beschreibung der Exitszenarien inkorporiert werden. Zugleich wird auch zur Vervollständigung des Verkaufsprozesses an dieser Stelle festgelegt, wie mit diesen Verkaufsmöglichkeiten zu verfahren ist. Sie können verworfen werden oder z. B. dem Direktmarketing oder einem Call-Center zugeführt werden. Damit sinken die Vertriebsstückkosten des einzelnen Kontaktes durch Wahl günstigerer Vertriebsinstrumente. Sind diese Verkaufsmöglichkeiten hinreichend qualifiziert worden, können diese dem Außendienst erneut zur Verfügung gestellt werden. Dieses gezielte Leeren des Trichters durch Definition und Anwendung von Exitszenarien „verarmt" den Trichter und dünnt somit den Forecast aus. Was denken Sie, wird passieren, wenn der Forecast durch Exitszenarien nach unten korrigiert wird? Wie werden Sie und Ihr Mitarbeiter sich dann verhalten? Unsere Beratungspraxis zeigt uns immer wieder, dass nahezu alle Verkäufer vergleichbar reagieren – sie versuchen ihren Trichter erneut zu füllen. So verdrängt die Verwendung der Exitszenarien als Teil des Trichtermanagements (im Sinne eines „Pulls") die für das Management zeitaufwendigen und Kräfte verzehrenden Push-Mechanismen.

Ein gesunder Trichter zeichnet sich damit durch vier Hauptaspekte aus.

Hauptaspekte der Trichtergesundheit
- Kontaktmanagement
- Konversionsraten
- Allokationszeiten
- Exitszenarien

Aus diesen Überlegungen ergeben sich die folgenden möglichen Schlüsselkennzahlen oder Key Performance Indicators, KPIs.

KPIs des Verkaufstrichters
- Konversionsraten
- Allokationszeiten
- Exitszenarien
- Trichterschichtungen
- Qualität und Validität der Informationen
- Kundenbindungskoeffizienten

Diese sind Instrumente der Kontrolle, des Controllings, der Führung. Werden sie konsequent genutzt – auch zur Evaluation Ihrer Verkaufsaußendienstmannschaft! – sind sie zwingend zu nutzen, so man sich nachhaltig Produktivität im Verkauf zu erreichen wünscht.

4.3 Aktive Verkaufszeit

In der unlängst publizierten Proudfoot-Studie wird sehr deutlich auf ein Problem mit nahezu dramatischem Ausmaß hingewiesen.

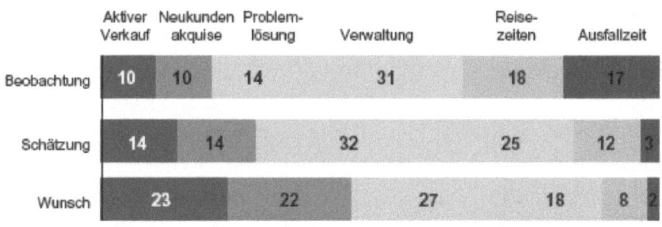

Abbildung 16: Darstellung Proudfoot-Studie[10]

Im Branchenschnitt wird dabei von einer durchschnittlichen Verkaufszeit von ca. 20 % ausgegangen. Addiert man zusätzlich noch die Reisezeit als vertriebliche Kerntätigkeit, so ergeben sich Optimierungspotentiale von ca. 50 %, die durch Umverteilung und Streichung von Tätigkeiten, die nicht Kerntätigkeiten des Verkaufs sind, hinzugewonnen werden können. Auf den Punkt gebracht bedeutet dies, dass ca. die Hälfte der Arbeitszeit ungenutzt brach liegt.

Diese Zahlen werden noch drastischer, wenn man sich grundlegendere Gedanken macht, was denn Verkaufszeit bzw. aktive Verkaufszeit überhaupt ist. Die Einen mögen darunter die beim Kunden verbrachte Zeit verstehen, andere werden unterscheiden zwischen Verkaufszeit und Zeit beim Kunden, zu der auch der sicherlich wichtige Kaffeeplausch beim Kunden gezählt werden mag, der zur Beziehungspflege dient. Was mag jedoch der Kunden denken? Findet er uns nett und sympathisch, dann mag der Kaffeebesuch für ihn angenehm sein, ob er uns jedoch als Verkäufer auf Augenhöhe empfindet, sei dahingestellt. Nach unserem Dafürhalten verbindet ein guter Verkäufer beide Dinge auf sinnvolle Art und Weise. Wir definieren die „aktive Verkaufszeit" als die Zeit, in der verkauft wird und nicht nur Zeit beim Kunden verbracht wird. Damit führen wir an dieser Stelle eine Unterscheidung ein, die aus unserer

Sicht von Relevanz ist – der Unterscheidung zwischen Verkaufszeit und aktiven Verkaufszeit.

Zugleich stellt sich damit jedoch sofort die Frage nach dem, was denn nun Verkaufen sei. Wir wollen die Frage indirekt beantworten. Verkauf kann nur realisiert werden – zumindest erscheint es uns vernünftig davon auszugehen – wenn der Kunde einen Bedarf hat und dafür bereit ist, Geld oder Geldäquivalente auszugeben. Somit kann dann die aktive Verkaufszeit als die Zeit definiert werden, in der Kundenbedürfnisse aufgedeckt und erzeugt werden und die dafür relevante Lösung zusammen mit dem Kunden erarbeitet bzw. besprochen wird. Dazu kommt die Zeit, die zum Aufdecken und Erkennen der rationalen und emotionalen Beweggründe des Kunden benötigt wird. Sprechen wir von Kunden, meinen wir im B2B-Fall das gesamte Buying Center. Die zur Bearbeitung des Buying Centers notwendige Arbeitszeit ist der aktiven Verkaufszeit hinzuzurechnen. Alles andere ist Kaffeefahrt.

Definition der aktiven Verkaufszeit

Aktive Verkaufszeit

- Zeit zum Aufdecken und Nutzen von Bedürfnissen
- Zeit zum Generieren von Bedürfnissen
- Zeit zum Aufdecken und zur Bearbeitung des Buying Centers
- Zeit zum Aufdecken und Nutzen rationaler und emotionaler Beweggründe

In den meisten Ländern Europas liegt die Jahresarbeitszeit bei ca. 1.700 Arbeitsstunden. Bei einer nach Proudfoot 20 %igen Ausnutzung dieser Zeit würden somit lediglich ca. 350 Stunden pro Jahr am Kunden verbracht werden. Dies ist eindeutig zu wenig. Weitere 350 Arbeitsstunden werden für die Reisetätigkeit investiert. Ungenutzt darniederliegen ca. 1000 Arbeitsstunden. Diese gilt es einer Nutzung zuzuführen. Dies hat dadurch zu erfolgen, dass die Verkaufsmannschaft von ihren Nicht-Kerntätigkeiten wie Verwaltung und Problembeseitigung zu befreien ist und sinnentleertes „Hin- und Hergefahre" durch eine sinnvolle Tourenplanung zu vermeiden ist. Ziel muss die Steigerung der aktiven Verkaufszeit auf eine Größenordnung von über 40 % sein.

5. Schlüsselkennzahlen im Vertrieb

Schlüsselkennzahlen sind Messgrößen, die zu Beurteilung von Abteilungen, Gruppen und einzelnen Mitarbeitern herangezogen werden können. Im Englischen hat sich der Begriff Key Performance Indicator (KPI) eingebürgert. Dieser Anglizismus weist nach unseren Dafürhalten deutlicher auf das hin, um was es bei der Verwendung der Schlüsselkennzahlen geht – um die Performanz bzw. im Fall des Verkaufens um die Produktivität des einzelnen Mitarbeiters bzw. in ihrer aggregierter Form um die Leistungsfähigkeit der Gruppen bzw. der Abteilungen. Daher empfehlen wir im Sprachgebrauch den Begriff der Schlüsselkennzahl durch das Wort der Leistungskennzahl zu ersetzen. Wir wollen jedoch im Verlauf dieses Buches bei dem dem Leser vertrauten Begriff der Schlüsselkennzahl verbleiben.

Erstaunlicherweise ist es in einigen Unternehmungen unmöglich diese KPIs einzuführen, da u. A. der Betriebsrat sich gegen die Bewertung des Einzelnen wehrt. Wir möchten an dieser Stelle nicht in diese – aus unserer Sicht noch gesellschaftlich zu führende – Diskussion einsteigen. Dennoch sagen wir in aller Deutlichkeit, dass wir diese Einstellung für falsch halten, die Bewertung des Einzelnen, der Gruppe, etc. zu vermeiden, da hier aus unserer Sicht falsch verstandene Sozialromantik der Notwendigkeit, Überlebensfähigkeit der Organisation zu gewährleisten, entgegengestellt wird. Wieso soll der Beitrag des Einzelnen – egal ob positiv oder negativ – nicht aufgedeckt und entsprechend gewürdigt werden?

Die klassischen Schlüsselkennzahlen des Verkaufs sind Umsatz und Besuchsfrequenz, in einigen wenigen Fällen gibt es auch Deckungsbeitrags-orientierte Schlüsselkennzahlsysteme.

Klassische Vertriebskennzahlen
- Umsatz
- Deckungsbeitrag
- Besuchsfrequenz

- Beteiligung an Messen
- Messeorganisationen
- Durchschnittliche Auftragsgröße
- Cross-Selling-Rate
- Neukundenzugewinn
- Altkundenverluste
- Marktanteil
- Gewährte Rabatte
- Forderungsverluste

Mit dieser Aufzählung erheben wir nicht den Anspruch der Vollständigkeit. Betrachtet und analysiert man diese Schüsselkennzahlen, so fallen uns mindestens zwei Aspekte auf. So treffen sämtliche Kennzahlen zum einen lediglich eine Aussage über die Leistung des Mitarbeiters in einer zurückliegenden Periode. Des Weiteren werden nur Aussagen über den quantitativen Anteil des verkäuferischen Tuns getroffen, qualitative Aspekte bleiben unberücksichtigt.

Doch – und bitte erlauben Sie uns diese Frage an dieser Stelle aufzuwerfen – machen diese KPIs überhaupt „Sinn"? Wir sind uns diesbezüglich nicht ausreichend sicher, wollen jedoch weder das eine noch das Gegenteil behaupten. Wir geben jedoch zu bedenken, dass eine Auswertung einer Messgröße der Vergangenheit wenig Aussagekraft über das Umsatzverhalten der Zukunft zu generieren imstande ist. Dies ist schlichtweg ein Irrglaube, basierend auf einem falschen Verständnis der Stochastik, der mathematischen Lehre der Wahrscheinlichkeiten. Dies ist ebenso unsinnig, wie anzunehmen, dass die Wahrscheinlichkeit, dass eine rote Farbe im Roulette auftaucht, sich dadurch erhöhen würde, wenn bereits siebzehn Mal hintereinander Schwarz gespielt wurde. Wenn man dann noch zusätzlich bedenkt, dass Mitarbeiter durch Prämienzahlungen für Umsätze der Vergangenheit belohnt werden, anstatt ihre variablen Anteile an der Qualität und Quantität ihres heutigen Tuns (welches die Zukunft des Unternehmens gestaltet!) anzulehnen, dann sehen sie uns wenig überzeugt hinsichtlich des von uns beobachteten Vorgehens.

Wir werfen des Weiteren die Frage auf, ob dies ausreicht bzw. ob durch dieses Fokussieren auf quantitative Aspekte (unter Aufgabe der qualitativen) nicht zugleich Chancen zur Produktivitätssteigerung unnötig verschenkt werden. Um zu einer Antwort zu kommen, ob dies ausreichend ist, wollen wir versuchen, uns dem Nutzen bzw. dem Wesen der Schlüsselkennzahl zu nähern. Es sei jedoch bereits Stelle vorweggenommen – und dies dürfte dem Leser unschwer verborgen geblieben sein –, dass wir uns erlauben fest davon überzeugt zu sein, dass dem nicht so ist.

Schlüsselkennzahlen sind zum einen schlichtweg quantitative Messgrößen, die zur Kontrolle der Mitarbeiter geeignet erscheinen. So weit, so gut, wir wollen uns nicht gegen Kontrolle wehren, sie gehört sowohl zum Rüstzeug des Managements als auch Kontrolle ein Instrument einer jeden Person im Alltag ist. Oder zählen nicht nahezu Alle an der Supermarktkasse das Rückgeld nach? Erst durch Kontrolle sind Abweichungen von der Norm bzw. dem erwünschten Zielwert möglich. Im Umkehrschluss bedeutet dies, dass eine Zielwertsetzung ohne Kontrolle keinen Sinn macht. Wir wollen eine weitere Frage aufwerfen, ohne sie jedoch zu beantworten. Dies sei den späteren Kapiteln belassen.

Macht Zielwertsetzung ohne Kontrolle und ohne Konsequenzen Sinn? Konkret bedeutet dies: Ist es sinnvoll Zielgrößen, wie zum Beispiel Umsatz- und Absatzzahlen, vorzugeben, ohne Prämien und Sanktionen im gleichen Atemzug zu benennen? Doch dazu später.

Gehen wir einen Schritt weiter, gehen wir von der Kontrolle zum Controlling (im modernen Verständnis des Begriffes). Dieser umfasst weitaus mehr als nur die reine Kontrolle. Nach unserem Verständnis ist Controlling des Verkaufs, des Messens und Kontrollierens, mit der Zielsetzung Schwachstellen und Spitzenleistungen aufzudecken, um so personen- oder gruppenspezifische Schulungs- und Coachingmaßnahmen anbieten zu können bzw. im Sinne des

Best Practices-Ansatzes Spitzenleistungen in die Breite der Organisation zu multiplizieren. Frei nach dem Motto: Lerne von den Besten und schule spezifisch, nicht nach dem Gießkannenprinzip! Wieso sollte ich auch einem Verkäufer, der abschlussstark ist, Abschlusstechniken vermitteln lassen, anstatt ihm das für ihn zum Beispiel notwendige Kaltakquisetraining zu verweigern? Im besten Fall verschwenden wir nur Geld, im schlimmsten Fall zerstören wir den Glauben des Mitarbeiters an die Sinnhaftigkeit der Organisation. Wir verstehen somit KPIs als Instrumente des Messens und Kontrollierens zur Förderung des einzelnen Mitarbeiters und zur Absicherung der Überlebensfähigkeit der Organisation.

Kommen wir nun nach Kontrolle und Controlling zum nach unserem Dafürhalten „wichtigsten" Aspekt der KPIs. Die Anführungszeichen seien der Tatsache geschuldet, dass es an sich fragwürdig ist, immer alles nach Kategorien wie wichtig oder unwichtig zu sortieren, wir jedoch an dieser Stelle davon überzeugt sind, dass dies der wichtigste Teilaspekt ist.

KPIs fokussieren die Aufmerksamkeit der Mitarbeiters bzw. die Aufmerksamkeit meines eigenen Tuns. KPIs haben somit Leuchtturmcharakter, dahingehend, dass sie in „der dunklen Wüste des Unwissens" den Weg zum Ziel leuchten. Als Beispiel sei die typische Schlüsselkennzahl Umsatz genannt. Sagt man dem Mitarbeiter „Bring Umsatz" oder sagt man dies zu sich selbst als Verkäufer (Das Ich wird hierbei in zwei Aspekte dissoziiert – den Arbeitgeber-Ich und dem Arbeitnehmer-Ich), dann passiert was passieren muss – der Mitarbeiter bringt Umsatz, manchmal mehr, manchmal weniger. Doch – und diese Frage erlauben wir aufzuwerfen – reicht das? Wir sagen nein!

Wir verstehen verkäuferisches Tun als spezifischen Beitrag zur Überlebensfähigkeit des Unternehmens. Sinnvollerweise sollte man daher nach unserem Dafürhalten nicht in Output-Kategorien wie Umsatz und Besuchszahlen denken, sondern vertriebliches Handeln an Kategorien der Produktivität bewerten. Diese sind Effektivität, Effizienz und

Frequenz. Daher sollten die KPIs auch an diese Kategorien angepasst sein. Damit ist nicht gesagt, dass die klassischen KPIs, wie z. B. der Umsatz, ausgedient haben, sie sind jedoch nicht ausreichend.

Wir schlagen daher einige alternative KPIs vor, die eine qualitative Aussage ermöglichen. Der Leser mag sich vielleicht fragen, was er davon hat und wir erkennen diese Frage als äußerst relevant an. Nach unserer Erfahrung ergeben sich im Wesentlichen drei Vorteile.

Drei Vorteile der „vorwärtsgewandten KPIs"
- Gestiegene Verkaufsproduktivität
- Genauerer Forecast
- Fokussierung auf die Zukunft

Welche Messgrößen könnten nun dazu geeignet sein, als „vorwärtsgewandte KPIs" herangezogen zu werden? Wir wollen dies mit einem Blick auf die Verkaufsprozesse beantworten. So haben wir zum Beispiel in den Prozessen des Opportunity-Managements auf die Bedeutung des Buying Centers als „Machtzentrum" des Kundens hingewiesen. Wie und in welcher Form dies zu bewerkstelligen ist, muss in die Zuständigkeit der Kreativität des Verkaufsleiters, seiner Verkaufsmannschaft bzw. in die Hände von diesbezüglich erfahrenen internen oder externen Kompetenzträgern überwiesen sein. Als Tipp bitten wir Sie jedoch darüber nachzudenken, was wohl geschehen würde, wenn Sie sich oder Ihre Mitarbeiter daran messen (gar belohnen?) würden, wenn der Quotient aus Opportunities mit Kenntnis des Budgetinhabers zu Opportunities ohne Kenntnis des Budgetinhabers sehr groß werden würde, da Sie nun in der Lage sind, in nahezu allen Fällen den Budgetinhaber zu kontaktieren und für sich zu gewinnen?

Wir empfehlen die Auswahl der für Ihre Organisation „richtigen" KPIs so vorzunehmen, dass in einem ersten Schritt ihr Verkaufsprozess definiert wird und dann in einem zweiten Schritt die neuralgischen Punkte Ihres Verkaufsvorganges bzw. die Stellen, an denen Ihre Mitarbeiter wenig leistungsfähig sind, durch KPIs „abgesichert" werden. Somit können KPIs als Markierungspunkte („Lieber Mitarbeiter, seien Sie hier besonders vorsichtig") der Brücken über die Stromschnellen des Verkaufens verstanden werden. Diese KPIs lassen sich aus den Verkaufsprozessen extrahieren, messen und bewerten. Ein Lob sei Hermes, wehe den Opfern!

Potentielle „vorwärtsgewandte KPIs"
- KPIs des Buying Centers
- Verständnis des Kundenbedürfnisses
- Verbindlichkeit
- Glaubwürdigkeit
- Einsatz der Fragetechniken
- Verständnis des Geschäftsumfelds des Kunden
- etc.

Nach unserem Verständnis sollten diese KPIs mutig mit den klassischen KPIs gemixt werden. Selbstverständlich gehört dazu auch der Umsatz, wobei wir dort wo möglich immer wieder gerne auf die Verwendung des Deckungsbeitrages 1 hinweisen, da dieser den Mitarbeiter auf das Durchsetzen guter Marktpreise fokussiert.

6. Einfluss des Vertriebsmanagements auf die Produktivität

Welchen Einfluss hat Führung auf die Verkaufsproduktivität? Und was wollen wir unter Vertriebsmanagement verstehen? Dieses sollen die initialen Fragen dieses Kapitels sein.

Vergegenwärtigen wir uns an dieser Stelle, was die Basis einer hohen Verkaufsproduktivität ist – die richtigen Mitarbeiter sowie eine geeignete Verkaufsstrategie. Beides sind Hoheitsaufgaben der Führung. Die Rekrutierung, die Kontraktierung sowie die Bindung geeigneter Mitarbeiter ist eine der wichtigsten Aufgaben der Vertriebsführung. Eingedenk der Ergebnisse der Miller Heiman Verkaufsstudie 2006, in der die Masse der Verkaufsleiter sich selbst als unzufrieden mit ihrer Mitarbeiterselektion zeigte[42], wundert es nicht, dass hier ein gerüttelt Maß an Verkaufsproduktivität verloren geht.

Ebenso ist die Entwicklung sowie die Implementierung der Verkaufsstrategie eine der zentralen Herausforderungen der Vertriebsführung. Von der Kundensegmentierung- und Bindung, bis hin zu Fragen des Multi-Channel-Vertriebs gilt es, eine ganze Reihe von Aufgaben zu lösen. Essentiell ist hierbei die enge Zusammenarbeit mit dem Außendienst und weiteren Kooperationspartnern, wie z. B. dem Marketing.

Erstaunlich ist es daher für uns, immer wieder zu hören, dass das Management angeblich kaum Einfluss auf die Verkaufsproduktivität habe. Mit den beiden zentralbedeutsamen Beiträgen Mitarbeiterselektion- bzw. Deselektion und der Entwicklung einer Verkaufsstrategie, sollte eher ein hoher Einfluss zu vermuten sein. Auf dem Boden der abstrakten Überlegungen kann man (im Falles des beobachteten Nicht-Einflusses) dabei zu dem Schluss kommen, dass die faktischen Beiträge (des Managements) für die Außendienstmannschaft keine Information[22] im Sinne Batesons darstellen, oder die Kommunikation zwischen Verkaufsmannschaft und Vertriebssteuerung als suboptimal einzustufen ist. Eingedenk der oft zu hörenden Aussage „die da oben wissen eh nicht was da unten bei uns los ist", lässt sich vermuten, dass u. A. der zweitgenannte Punkt der Kommunikation ein integraler ist. So Sie ähnliche Effekte in Ihrem Unternehmen beobachten, dann empfehlen wir Ihnen darüber nachzudenken, wieso die Kommunikation nicht funktioniert und was Sie dazu beitragen können, dass sich dies eben ändert.

Kurzum, wir gehen davon aus, dass das Vertriebsmanagement einen ganz entscheidenden Beitrag zur Steigerung und Wahrung der Verkaufsproduktivität zu leisten imstande ist. Eingedenk der Leuchtturmfunktion von Führung sollte dies eine Selbstverständlichkeit sein. Wir hoffen, dass dies sich auch nie ändern wird. Ansonsten wäre die Frage nach der Existenzberechtigung von Führung aufzuwerfen.

Definition von Vertriebsmanagement

Vertriebsmanagement ist die Gesamtsumme aller Maßnahmen und Aktivitäten, die dazu dienlich ist, die gesetzten Ziele im Vertrieb und Verkauf zu erreichen. Oberstes Ziel ist dabei neben der Umsatz- und Renditegenerierung (als Beitrag zum Überleben der Organisation) die Optimierung der Verkaufsproduktivität sowie die langfristige Bindung der internen (Mitarbeiter) und externen Kunden (Leistungsabnehmer).

Arbeitsmittel im Vertriebsmanagement sind die Instrumente der Führung an sich, der Mitarbeiterführung im Besonderen, das Kundenpotentialmanagement sowie die Anwendung der vertrieblichen Steuerungselemente Verkaufsprozesse und Key Performance Indicators.

Dem Aspekt der Führung kommt dabei eine immer größer werdende Bedeutung zu. Reichte es in früheren Zeiten Ziele vorzugeben (Management by Objectives[43]) und die Erreichung derselbigen zu überprüfen, so ist an dieser Stelle heute das Vertriebsmanagement deutlich anspruchsvoller geworden. Der Faktor Mensch lässt sich heute weniger durch lineare Ansätze wie monetäre Anreize und militärisch-straffe Führung motivieren. Zirkulär-systemisches Denken hat Einzug gehalten und bereichert das Vertriebsmanagement über die linear-prozessualen Verkaufsprozesse hinaus. Damit rückt die bisherige primäre Aufgabe des Managements bzw. der Vertriebsleitung – die Gewinnoptimierung – aus dem Fokus und als neue Hauptaufgabe ergibt sich das Sicherstellen der Überlebensfähigkeit der Organisation.

Das Rückgrat des Vertriebsmanagements sowie der Optimierung der Verkaufsproduktivität bleiben jedoch die Verkaufsprozesse, insbesondere die, aus denen sich vorwärtsgewandte und in die Zukunft gerichtete Schlüsselkennzahlen (KPIs) ableiten lassen. Eine der Schlüsselgrößen ist dabei die Kundenfokussierung.

Oberstes Bewertungskriterium des Managements kann die Exaktheit der Umsatzvorhersage (Forecast Accuracy) sowie ein stabiles überdurchschnittliches Wachstum (Richtgröße des modernen Vertriebsmanagements) sein.

Im Gegensatz zu Homburg et al.[25] haben wir also ein etwas erweitertes Verständnis des Begriffes Vertriebsmanagement. Wir verwenden ihn nach unserer Wahrnehmung als Äquivalent zum Begriff des Sales-Ex-Ansatzes nach Homburg.

6.1 Führung und Verkaufsproduktivität

Wie und wo genau kann die Vertriebsführung nun Verkaufsproduktivität beeinflussen? Nach unserem Dafürhalten sind hier mehrere Punkte zu nennen.

- Sinnzuweisung
- Mitarbeiterselektion und -deselektion
- Definition der Spielregeln sowie Ausübung des Sanktionsrechts
- Vertriebsstrategie
- Verkaufsprozesse
- Schlüsselkennzahlen

„Wer Produktivität will, muss Sinn bieten."[44] Dies ist einer der zentralen Leitsätze zum Thema Produktivitätssteigerung der systemischen Theorie. Wir formulieren diesen Satz um in:

„Wer Produktivität will, muss Kooperation erzeugen und dafür eine Sinnzuweisung vornehmen."

Wer dabei der Ausgangspunkt der Sinnzuweisung ist, haben wir in einem früheren Kapitel bereits erwähnt. Wir meinen dabei den Kunden bzw. eine „gelungene" Kundenbeziehung als „Über-Ich" verstehen zu können. Diesem Über-Ich gilt es zu „dienen".

Wie kommen wir zu dieser Aussage. Nach unserer Meinung und Erfahrung hat Führung die Aufgabe, das „Freiheitsstreben" des Einzelnen zugunsten der Kooperation zu begrenzen. Erst aus der Kooperation entsteht Mehrwertbildung zugunsten des Über-Ichs (der Kundenbeziehung). Mathematisch gesprochen wird durch Kooperation aus 1+1+1= 3 z. B. ein 1+1+1=4. Mit der jeweiligen „1" sei die als paritätisch anzusehende Arbeitskraft des einzelnen Mitarbeiters gemeint. Zu dieser Kooperation gehören jedoch mehrere Dinge – die Sinnzuweisung sowie die notwendigen Spielregeln, die die Freiheit des Einzelnen einengen. Als Beispiel sei der gemeinsame Arbeitsbeginn um 8.00 Uhr in der Früh benannt. Ohne diese Spielregel würden vielleicht alle zu unterschiedlichen Zeitpunkten beginnen und eine Kooperation könnte nicht eintreten. Als Sinnzuweisung könnte hier zum Beispiel das Management verlautbaren lassen, dass der Sinn der Spielregeln „Dienstbeginn um 08.00 Uhr" das Entstehen von hoher Produktivität in der Produktion sei. Dies wiederum sei notwendig, um den Kunden durch marktadjustierte Preise an das Unternehmen zu binden, damit die Überlebensfähigkeit des Unternehmens zu stützen, um somit die Wahrscheinlichkeit zu verbessern, dass die Kindsgeneration im Betrieb auch eine Lehrstelle bzw. ein Auskommen findet. Somit kann dann der Mitarbeiter entscheiden, ob er bereit ist, seine Freiheit („Ich komme zur Arbeit, wann ich will.") gegen die Gewissheit zu tauschen, dass seine Kinder auch eine Arbeit finden werden ("Schutz der eigenen Brut"). Mitarbeiter, die hierbei ihre Freiheit nicht beschnitten sehen wollen, sind nach dem Prinzip des "tit for tats" in einem ersten Schritt kommunikativ einzubinden bzw. in einem zweiten Schritt zu deselektieren.

Spielregeln definieren das System des Miteinanders, ebenso wie sie die Zugehörigkeit der Systemteilnehmer zum System definieren. Liegen keine Spielregeln vor, liegt kein System vor. Das System bringt Ordnung ins Chaos, es unterscheidet ungeregeltes Miteinander von Handlungsfähigkeit aus der Strukturierung hinaus. Somit lässt sich im Umkehrschluss sagen, dass derjenige, der keine Spielregeln einführt bzw. auf die Einhaltung der selbigen nicht achtet, dem System die Möglichkeit zur Seinwerdung entzieht. Damit entzieht er zugleich aber auch den Systemteilnehmern die Möglichkeit zur Kooperation und damit Mehrwertbildung.

Wie ist es dann zu beurteilen, wenn das Management auf die Einhaltung der Spielregeln nicht achtet und sein Sanktionsrecht nicht wahrnimmt? Aus unserer Sicht bedeutet das, dass das Management an dieser Stelle seine eigenen Spielregeln ad absurdum führt und sich selbst damit der Unnotwendigkeit preisgibt. Zugleich "zerstört" das Management dabei die Existenz des Systems, die Firma mutiert im schlimmsten Falle zur zufälligen Zusammenkunft von Menschen, deren einziges Ziel es ist, Geld zu verdienen.

Zu den Punkten Vertriebsstrategie, Verkaufsprozesse und Schlüsselkennzahlen wollen wir an dieser Stelle keine weiteren Ausführungen niederlegen, da diese entweder in der Literatur oder von uns in diesem Buch nach unserem Dafürhalten bereits gut beschrieben sind oder auf deren aufmerksamkeitsfokussierende Leuchtturmfunktion bereits hingewiesen wurde.

6.2 Management vs. Leadership

Zu diesem Punkt wollen wir im Wesentlichen auf die Ausführungen Maliks verweisen[45,46]. Dieser beschreibt aus unserer Sicht auf eindrückliche Art und Weise, was er von diesen Begriffen und vor allem deren Unterscheidung hält. Wir teilen diese Meinung. Eingedenk der unerquicklichen und nicht nachvollziehbaren Vermengung von angeblichem Leadership und dem dazu angeblich notwendigen Charisma erfahren die Begriffe eine gefährliche Dimension. Nicht umsonst entsteht aus Charisma laut Brockhaus oftmals eine auf rein emotionalen Faktoren herrührende Gewaltherrschaft, die nicht selten in die Katastrophe führt. Geschichtliche Beispiele hierfür gibt es gar nicht wenige.

Wir plädieren damit nicht gegen Führungspersönlichkeiten, die über Chuzpe, Ausstrahlung und Fortune verfügen. Es macht Spaß dem Erfolg dieser Menschen zuzuschauen, die mit viel Verve ihre Unternehmungen führen. Doch – und dies muss unserer Meinung nach gesagt werden – Ziel ist nicht die jeweilig bevorzugte Führungsmethode (z. B. Management by representation), sondern das Sichern der Überlebensfähigkeit der Organisation durch Wahrung bzw. Steigerung der Produktivität und Optimierung der internen und externen Kundenbindung. Führungsmethoden sind Instrumente, die zur Erreichung der Ziele eingesetzt werden. Sie sollten nicht als das eigentliche Ziel angesehen oder gar glorifiziert werden.

6.3 Implementierung von Verkaufsprozessen

Über die elektronischen Aspekte wollen wir uns an dieser Stelle nicht auslassen. Dies sei einem späteren Buch vorbehalten. Jedoch wollen wir uns diesem Punkt aus der Perspektive des parallel dazu einhergehenden Veränderungsprozesses nähern.

Verkaufsprozesse emanzipieren die Anbieterorganisation. Aus einer bisweilen duckmäuserischen Position kommt es beim Einsatz der Verkaufsprozesse nach und nach zu einem Verkauf auf Augenhöhe mit dem Kunden. Dieser für die Organisation und deren Überlebensfähigkeit wichtiger Emanzipationsprozess gleicht der Pubertät eines jungen Menschens und kann daher mit erheblichen Schmerzen einhergehen. Diesen Prozess gilt es aus Sicht der Führung zu begleiten.

Dies bedeutet u. a. den Umgang mit Handlungsblockaden. Bevor wir auf diese eingehen wollen, möchten wir jedoch mit Ihnen zusammen einige Überlegungen anstellen, was im Veränderungsprozess zu beachten ist.

Stellen Sie sich bitte hierzu einer Kugel in einem tiefen Loch vor. Diese wird – das lässt sich unschwer annehmen – nur äußerst unwahrscheinlich aus dem Loch „hüpfen". Dieser Vorgang dürfte nur unter äußerst seltenen Bedingungen zu beobachten sein. Die Umwandlung von Ruheenergie in kinetische Energie braucht zumindest Aktivierungsenergie oder einen Katalysator. Somit lässt sich Management auch als Katalysator des Veränderungsprozesses beschreiben, denn wer, wenn nicht wir, muss Veränderungsprozesse initiieren und begleiten. Veränderungsprozesse als Ausdruck der Anpassung, der ständigen Veränderung unserer Umgebung, als gezielt eingesetzter Störfaktor. In der Natur wurde die Bedeutung dieser Vorgehensweise hervorragend im Kugelgelenk zum Ausdruck gebracht[47]. So konnte Pauwles anhand des menschlichen Kugelgelenks (bzw. auch anderer Lebewesen) zeigen, dass die Natur gezielt das Prinzip der programmierten Nicht-Idealität dazu nutzt, um biologische Strukturen in einem hochfunktionalen Zustand zu halten. Folgt man an dieser Stelle den Überlegungen Maturanas[48], dass biologische Strukturen und deren Funktionsweise auf menschliche Systeme übertragbar sind, kommt man im Umkehrschluss zu der Überzeugung, dass die Aufgabe des Managements nicht ist, ein ideales System zu kreieren. Sollte ein nahezu idealer Umstand erreicht worden sein, dann setzt sich dieser Gedankengang dahingehend fort, dass Management sogar gezielt Störtrigger einzusetzen hat, die das System zwingen, sich neu zu erfinden, sich also neu auf die Suche nach einer optimalen Struktur zu machen. Wer sich von dieser Paradoxie irritiert fühlt, den verweisen wir auf die Arbeiten des Mathematikers Goedel[49], der bahnbrechende Arbeiten zur Nicht-Vollständigkeit von paradoxiebefreiten Systemen publiziert. Als literaturbekanntes Beispiel sei das Hilbert-Paradoxon[50] genannt.

Es bedarf jedoch nicht nur einer Aktivierungsenergie, um Menschen aus ihren „Löchern" bzw. hinter dem Ofen hervor zu locken. Zumal diese Löcher ungern verlassen werden, da sie als Repräsentanten des Erfahrungsschatzes verstanden werden können („Hier fühle ich mich wohl, es soll alles so bleiben, wie es ist, ich beweg´ mich nicht."). Es bedarf auch der Sinnzuweisung durch ein narratives Veränderungsmanagement[57] und der helfenden Hand des Veränderungsbegleiters. Zur Verdeutlichung sei folgendes Bild gewählt. Stellen Sie sich vor, Sie stünden vor einem Abgrund, der 500 Meter tief abfällt. An der Kante stehend, nähern sich 20 Wölfe in einem sich verengenden Kreis auf Sie zukommend. Was denken Sie, werden die meisten Menschen machen? Stehen bleiben! Bis zum letzten Moment. Was dann folgt, ist ein sinnloser Ausbruchsversuch, das sich-ins-Schicksal-fügen („Zerfleischtwerden") oder der Sprung in die Tiefe. Würde jedoch ein Wegbegleiter rechtzeitig einen sicheren Weg durch die Felskante weisen, wäre die Wahrscheinlichkeit erhöht, dass der Mensch sich mit seinem Wegbegleiter auf den Weg macht. Menschen folgen anderen, folgen dem Management, wenn sie den Eindruck haben, dass der Führende sie in eine bessere Zukunft führt[20].

Zusammengefasst bedeutet dies, dass eine Implementierung von Verkaufsprozessen insbesondere dann von Erfolg gekrönt sein dürfte, wenn Sie es schaffen, Ihre Mitarbeiter mit auf die Reise zu nehmen, indem Sie ihnen zeigen, dass es ihnen mit den Verkaufsprozessen besser geht als ohne. Wir empfehlen an dieser Stelle aus unserer Erfahrung heraus daher als ersten Schritt, die „Leitwölfe" Ihrer Verkaufsaußendienstmannschaft als interne Multiplikatoren mit ins Boot zu holen.

Wer sich von Ihnen mit dem Thema des Veränderungsmanagements intensiver auseinandersetzen möchte, dem empfehlen wir an dieser Stelle das Studium der Idee der *grammatikalischen Regeln* von Fritz B. Simon[51]. Dieser entwickelt in seinem Buch eine vortreffliche und gut verständliche Vorstellung, wie sinnvollerweise Verhaltensänderungen in Organisationen herbeigeführt werden können. Nach unserem Dafürhalten sind Verkaufsprozesse geeignete Instrumente, die als Interventionen auf der Ebene der informellen Regeln zu verstehen sind.

Auf der Ebene dieser informellen Regeln können nach Fritz B. Simon leicht Änderungen in die Organisation eingeführt werden, ohne dass erhebliche Widerstände zu erwarten sind (so denn die Änderungen als für die Organisation relevant erkannt werden!). Nach und nach werden sich dann in der Organisation neue grammatikalische Regeln ausbilden und damit die Wahrscheinlichkeit erhöht werden, dass die Organisation (respektive die Mitarbeiter) das gewünschte Verhalten zeigen.

6.4 Verkäuferpsychologie

In vielen Publikationen wird eine ganze Reihe von Vermutungen angestellt, wie denn der ideale Verkäufer „auszusehen" hätte bzw. wie er bezüglich seiner charakterlichen Veranlagung sich darzustellen hätte. Fakt ist, dass es bisher keine einzige uns bekannte ernst zu nehmende wissenschaftliche Publikation geschafft hat, einen Zusammenhang zwischen Erfolg eines Verkäufers und seinem Charakter bzw. seiner Psyche herzustellen. Es würde uns auch wundern, denn Kunden und das jeweilige Verkaufsumfeld variieren bisweilen doch recht enorm.

Es stellt sich zudem die Frage, ob die Frage nach der Psyche überhaupt an sich Sinn macht bzw. wie dieses fragwürdige Vorgehen sich etablieren konnte. Wir sind der Überzeugung, dass bei dem Aufwerfen dieser Frage die „Landkarte" (Abbild seiner Psyche zum Beispiel durch reichlich elaborierte Psychotests und Struktogramme) mit dem an sich relevanten Aspekt − dem Verhalten bzw. der

Verkaufsproduktivität des jeweiligen Mitarbeiters! – verwechselt wird. Platt gesagt, was interessiert mich die Psyche meines Verkäufers, solange er verkauft?

Wie kommt es nun zu diesem eigentümlichen Diktat der Psychotests? Malik[46] entwickelte hierfür (aus seinen Beobachtungen) eine Theorie, die daraufhin hinausläuft, dass oftmals die Steigerung der Verkaufsproduktivität und hierzu die Auswahl der besten Mitarbeiter unter Anderem dadurch zu erfolgen habe, indem man sich in die Lage versetzt, seinen Verkaufsaußendienstmannschaft „gesundheitlich unbedenklich" zu gestalten bzw. zu „ent-pathologisieren" habe. Als Referenz nimmt er hierzu das hierbei prägende System der Schule, welches auf das „Wegmachen" von Schwächen angelegt ist, einem Verhalten, welches sich für Schule und Klinik als durchaus geeignet darstellt. Wir folgen den Ausführungen Maliks an dieser Stelle und betonen ebenso wie er, dass es nicht um das „Wegmachen" von Schwächen geht, sondern um das gezielte Erkennen und Fördern von Stärken. Diese lassen sich jedoch weitaus besser durch das Nutzen von Verkaufsprozessen als durch jedwelche Psychotests erkennen.

Gibt es weitere Gründe für das Diktat der Psychotests? Nun, wir meinen an dieser Stelle, die Hilflosigkeit vieler leitender Angestellter als Ursache benennen zu können. Die Hilflosigkeit hat nach unserem Dafürhalten dabei mindestens zwei Ursachen. Zum einen ist durch die Überpsychologisierung unserer Gesellschaft laut Drucker[52] eine Entkopplung zwischen Bauchgefühl und Handlungen entstanden. Management weiß heute oftmals nicht mehr, wem und was sie denn nun glauben sollen, denn die Anzahl der Sauen, die durch das Psycho-Dorf getrieben werden, ist mittlerweile Legion. Es drängt sich der Vergleich mit den subversiven Szenen des Filmes „Leben des Brians" auf („Folgt der Sandale!"; „Nein, folgt der Kalebasse!"). So reiht sich eine sinnlose Heilslehre an die andere. Doch wie soll ein Mensch, wie soll das Management seinen Job ohne Erfahrung, ohne erworbenes Handlungswissen – vulgo: Intuition – ausüben können?

Psycho-Tests bergen einen weiteren Aspekt, der sowohl zum Vorteil als auch zum Nachteil gereichen kann. Sie sind zumeist standardisiert und versprechen somit den angeblichen Vorteil der „Richtigkeit". Ihre Durchführungsweise mag richtig sein und sie ergibt auch standardisierte Ergebnisse, die Frage ist nur, was ich mit diesen anzufangen imstande bin. Wir wiederholen uns an dieser Stelle, wenn wir die Frage aufwerfen, was es uns denn nutzt zu wissen, dass sich unser Mitarbeiter zum Beispiel recht akribisch und analytisch darstellt. Zum einen muss das so nicht im Verkaufsgespräch sein, zum anderen interessiert es kaum jemanden, solange der Umsatz stimmt. Und wenn dieser auf Dauer nicht stimmt und der Mitarbeiter sich nicht fördern lässt – dann sollte man ihm einen anderen Job im Unternehmen anbieten, für den er sich als geeignet erweist. Dadurch entsteht Produktivität, ansonsten herrschen Frust und Mangelleistung vor.

Der Glaube an die angebliche Richtigkeit der Psycho-Tests versetzt das Management in die Lage, diese auch einzusetzen. Damit können sie die oftmals zu beobachtende Hilflosigkeit kompensieren und zudem die Verantwortung für eine möglicherweise aufgetretene Personalfehlentscheidung dem Test zuschieben. Wir halten dies für nicht sinnvoll. Personalentscheidungen sind wie alle Entscheidungen mit einem mehr oder weniger hohen Restrisiko behaftet. Entscheidungen, die nicht unabwägbar hinsichtlich der Konsequenzen für die Zukunft sind, sind keine Entscheidungen und könnten damit rein theoretisch auch von einem Computer getroffen werden. Anstatt dieses Restrisiko verzweifelt zu minimieren, indem wir das ein oder andere unsinnige Managementinstrument einsetzen, sollten wir uns öfter auf das altbewährte Bauchgefühl verlassen. In diesem sitzt jede Menge Handlungswissen. Ein Manager, der dieses nicht hat, sollte sich dieses schnellstmöglich aneignen (ein Hoch dem Senior Management!) oder seinen Job wechseln.

6.5 Mythos Motivation

Maßgeblichen Einfluss auf die Leistungsfähigkeit von Mitarbeitern wird deren Motivation zugeschrieben. Diesen Gedankengang sind wir durchaus bereit zu teilen. Über lange Zeit war es gängige Methode, dem Management die Aufgabe zuzuordnen, die Motivation ihrer Mitarbeiter zu erhalten. Geht das überhaupt?

Unsere Antwort ist ein klares deutliches Jein. Wir sind nicht davon überzeugt, dass Mitarbeitern ein Mehr an Motivation aufgedrängt werden kann – dies führt bestenfalls zu unproduktivem Gestrampel der Führung. Wir halten es für eine ureigene Aufgabe des Mitarbeiters, ein hohes Maß an Eigenmotivation selbst zur Verfügung zu stellen bzw. zu aktivieren. Dennoch hat das Management einen Einfluss auf die Motivation. Laut den Aussagen des *The Gallup Institutes* und seiner alljährlich publizierten Studie zum *Engagement Index* hat das Management einen entscheidenden Einfluss auf die Motivation – es kann sie durch „schlechte" Führung untergraben. Mitarbeiter beklagen weltweit das Ausbleiben von Führung als einen Motivationskiller. Dies ist durchaus nachvollziehbar. Es fehlt – wie in den Vorkapiteln beschrieben – die Sinnzuweisung, es fehlt die Beantwortung der Frage nach dem Sinn, dem Warum der Arbeit. Damit fehlt den Mitarbeitern der Sinn für ihre Arbeit und sie beginnen, in die innere Kündigung zu gehen und ihren Job nur noch zu machen, um Geld zu verdienen. Der Sinn als motivationsstiftender Faktor wird hingegen viel „besser" in klerikalen Gemeinschaften jedwelcher Couleur gestiftet. Durch den Wegfall von kirchlichen und gesellschaftlichen Normen als sinnstiftende Attribute des Seins sind Mitarbeiter jedoch viel bedürftiger für Sinnstiftung als vor 100 Jahren. Nutzen Sie dieses Potential für sich und Ihre Firma. Und – diese klassische Kritik an der Führung – muss an dieser Stelle erlaubt sein, nutzen Sie bitte die Kraft des Lobs und die Macht des Sanktionsrechts, um dem Mitarbeiter zu zeigen, auf welchem Weg er zum Ziel zu gelangen imstande ist.

Dieses Bild zeigt unser Verständnis von Motivation auf. Wie vorab beschrieben, geht es nicht um das Draufsatteln von Motivation – die Folge kann u. A. ein Burn-Out des Vorgesetzten sein (der ständig „Energie ins System drückt" und dabei der eigenen Kraft verlustig geht) – sondern um das gezielte Nutzen – Freisetzen und Ausschöpfen – der potentiell vorhandenen Energie und Motivation des Mitarbeiters. Die Mitarbeiter, die keine Motivation für ihre Arbeit aufbringen – sind einer anderen Tätigkeit zuzuführen, denn sie werden mit hoher Wahrscheinlichkeit keine Leistung bringen.

Ein letztes Wort hierzu. Motivation ist eine Art „Hilfsgröße". Wir können sehr gut Mitarbeiter akzeptieren, die keine oder wenig Motivation für ihre Tätigkeit aufbringen. Solange sie Leistung bringen. Verwechseln Sie also bitte nicht den angeblich so unabdingbaren Treibstoff „Motivation" mit der Leistung der „Maschine" Mitarbeiter. Manch Mitarbeiter – es lebe die Ausnahme! – leistet wunderbare Arbeit ohne übergroße Motivation. Sein Antrieb mag zum Beispiel der Gehaltsscheck sein, den er zum Unterhalt seiner Familie braucht. Und dies ist ein guter und ehrlicher Beweggrund, um gute Arbeit abzuliefern. Doch, was würde passieren, wenn dieser ohnehin leistungsfähige Mitarbeiter auch noch motiviert wäre, Spitzenleistungen zu erbringen?

6.6 Preispolitik

Das Durchsetzen von margenerzeugenden Preisen gehört zu einer Aufgabe des Verkaufs. McKinsey zeigt in einer Studie den hochpositiven Einfluss der Preissteigerung auf die Rendite auf und zwingt damit implizit den Verkauf sich hinsichtlich der hierfür notwendigen Verhandlungstechniken zu professionalisieren. Nun könnte man meinen, dass diese Sätze unsere Meinung zum Ausdruck bringen, dahingehend wir nahezu allen Verkäufer das Besuchen geeigneter Verkaufsseminare empfehlen würden. Dies mag zwar in einigen – vielleicht sogar vielen – Fällen ein sinnvolles Instrument sein. Wir sehen jedoch einen anderen Aspekt weitaus mehr im Vordergrund stehen.

Will man, dass die Verkäufer bessere Preise durchsetzen, dann sollte man nach unserem Dafürhalten keine „manipulativen" Techniken einsetzen. Der Preis ist ein Konvertitäquivalent, welches zum Ausdruck bringt, wieviel die zu erwerbende Leistung dem Kunden wert ist. Somit stellt sich die Frage, wann einem Kunden eine Leistung Geld wert ist bzw. wie sich auch gute Preise durchsetzen lassen. Zum einen müssen Produkte oder Leistungen im Bewusstsein des Kunden einen unaustauschbaren Stellenwert besitzen. Wer es schafft, DIE Lösung für das Problem des Kunden zu generieren, erzielt auch bessere Preise. Denken Sie hierzu doch bitte einfach an die völlig überteuerten Produkte des „Snob-Marktsegments". Diese beweisen, dass Preise eine hochdramatische Intervention in die Wirklichkeitskonstruktion des Kunden sind.

Verkaufstipp	Seien Sie besonders, seien Sie unaustauschbar und Sie erzielen gute Preise.

Der zweite wichtige Aspekt beim Durchsetzen vernünftiger Preise neben dem Thema der Unverwechselbarkeit ist die Idee des Verkaufs auf Augenhöhe. Menschen, die respektiert werden, die auf Augenhöhe wahrgenommen werden, sind auch die Menschen, denen man so schnell nichts ausschlägt. Auch einen fairen Preis nicht.

Verkaufstipp	Haben Sie ein mulmiges Gefühl, wenn Sie an das nächste Verkaufsgespräch denken? Trauen Sie sich nicht, Ihren Preis zu nennen. Werten Sie dies als Hinweis, dass Ihr Angebot oder das Angebot Ihrer Mitarbeiter zu beliebig ist bzw. dass Sie mit dem Kunden nicht auf Augenhöhe. Fragen Sie sich, wann bei Ihnen ein Verkäufer auf Augenhöhe ist. Was müssen Sie tun, um zu so einem Partner Ihres Kundens zu werden?

7. Systemischer Vertrieb

Was ist systemischer Vertrieb? Handelt es sich hierbei um ein neues Modewort, wird hier die nächste Sau durch das gute alte Vertriebsdorf getrieben? Wir für unseren Teil wählen diesen Begriff als Ausdruck der gedanklichen Verschmelzung zweier Gedankenansätze – dem linear-kausalen sowie dem systemisch-konstruktivistischen. Bevor wir uns der Frage nähern wollen, was es mit den Ausdrücken auf sich hat, sei jedoch die sich dem Leser möglicherweise stellende Frage aufgeworfen: Wozu kann ich das gebrauchen? Ist das akademisch-intellektuelles Gequatsche oder nutzt mir dieser Gedankenansatz für meine alltägliche Arbeit im Verkauf bzw. als Verkaufsleiter?

Wir behaupten mit Nachdruck, dass der Einbau systemischen Gedankenguts in die verkäuferische Welt entscheidende Vorteile nach sich zieht. Diese sind

- Optimierte Kundenbeziehungen
- Verkürzung der Innovationszyklen
- Verbesserte Lieferanten-Beziehungen
- Reduktion der Vertriebskosten
- Optimierte Rendite, die für ein Mehr an Innovationen zur Verfügung steht
- etc.

Wir begründen dies damit, dass die Integration des Kunden in den Verkaufsprozess, das in-die-Mitte-stellen der Kundenbedürfnisse denjenigen in den Mittelpunkt des Geschehens rückt, um den es beim Verkauf geht – den Kunden. Dieser ist der Grund, die Existenzbegründung einer jeden Unternehmung. Akzeptiert man diesen Gedankengang als richtig, ergibt sich damit automatisch die Notwendigkeit, die Welt des Kunden zu verstehen und durch Annäherung an den Kunden eine Überlappung der Kundenwelt mit der eigenen zu erreichen. Die initiale Leistung muss dabei von der Anbieterorganisation ausgehen, so man denn von den heutzutage üblichen Käufermärkten ausgeht. Bildlich gesprochen lässt sich so Verkaufen unter anderem als der

Versuch eines Schwimmers verstehen, der auf die Insel des Kunden zu gelangen versucht. Viele Verkäuferorganisationen verhalten sich dabei so, dass man den Eindruck gewinnen könnte, sie zögen eine Invasion in Betracht. Die gewiefteren Verkäufer, möglicherweise die, die systemisches Gedankengut in sich intuitiv tragen, fragen den Inselbesitzer (den Kunden), wie man denn am Besten die Insel betreten könne – und ob er es denn überhaupt wolle.

Zusammengefasst ist systemischer Vertrieb ein mehr oder weniger praxisnahes Gebilde, welches auf einem breiten theoretischen Fundament ruhend, es der Verkaufsmannschaft erleichtert, sich dem Kunden anzunähern, ihn zu verstehen, um ihm so leichtfüßiger etwas zu verkaufen. Warum sich Blasen laufen, wenn das Leben doch um so viel leichter sein könnte?

Systemischer Konstruktivismus

Der systemische Konstruktivismus ist ein gedanklicher Ansatz, der sich seit den 30er Jahren des letzten Jahrhunderts fortwährend weiterentwickelt hat. Er berücksichtigt die komplexe Wirklichkeit des menschlichen Seins. Wichtige Beiträge kamen dabei von Wissenschaftlern wie Bateson, Frankl, Förster und Watzlawick. Auf die umfangreiche Literatur zu diesem Thema kann an dieser Stelle nur exemplarisch eingegangen werden[53]. Interdisziplinär fließen Ergebnisse aus der Soziologie, der Mathematik, der Biologie und der Hirnforschung in einem gut verdichteten Gedankengebäude zusammen.

Wesentliche Grundgedanken sind dabei die der Kontingenz – dem Prinzip des es-könnte-sein-es-könnte-aber-auch-anders-sein als Ausdruck einer liberalen Grundhaltung und der letztendlichen Erkenntnis, dass es keine absoluten Wahrheiten gibt. Wahrheit bzw. Wirklichkeit werden als Konstruktionsleistungen der menschlichen Sinne und des menschlichen Verstandes begriffen (siehe dazu die experimentellen Befunde zum Blinden Fleck und die durch Rosenhan eindrucksvoll geschilderten und nach ihm benannten Experimente; dieses Verständnis von „Wirklichkeit" als Konstruktionsleistung gab dem Konstruktivismus seinen

Namen). Dieser konstruktivistische Gedankensatz, der weniger im Sinne der Ontologie auf das Wesen des Seins und des Dings an sich abzielt, sondern sich viel handlungsorientierter fragt, wer denn mit wem in Kopplung steht und wie ich das für mich zu nutzen imstande bin, wird abgerundet durch die Überlegungen der Systemik. In der Systemik fließen wiederum Gedanken sowohl der Physik (Kybernetik von Teilchen im Raum, z. B. Gasmoleküle in einem Behälter) als auch die der Soziologie (Kybernetik von menschlichen Systemen, Gruppen, etc.) zusammen.

Dieses komplexere Verständnis von Wirklichkeit zieht eine zentrale Konsequenz für den Verkauf nach sich. Im Gegensatz zu der vom Menschen und dem Verkäufer so geliebten (weil so herrlich einfachen) wenn-dann-Logik, kommt der systemisch-konstruktivistische geprägte Mensch zu der Überzeugung, dass es vielleicht sinnvoll sein könnte, davon auszugehen, dass bisweilen seine wenn-dann-Logik funktioniert, bisweilen jedoch davon ausgegangen werden muss, dass sie leider nicht im gewünschten Maße die erhofften Ergebnisse erzeugt.

Ein Beispiel hierfür mag zugleich auch die Genese dieses weit verbreiteten Denkens erklären. Stellen Sie sich bitte vor, Sie würden mit Ihrem Fuß nach einem Stein treten. Dieser fliegt nun in einem Bogen mehr oder weniger weit nach vorne. Geht man nun davon aus, dass eine andere Person, der zufälligerweise die gleichen körperlichen Ausmaße hat (also quasi ihr Zwillingsgeschwister sein könnte), den ebenselbigen Stein im gleichen Winkel mit der gleichen Geschwindigkeit tritt – so darf man getrost davon ausgehen, dass der Stein die gleiche Flugbahn beschreibt. Die wenn-dann-Logik lässt sich also immer dann gut anwenden, wenn wir über die Phänomene der Alltagsphysik sprechen. Da wir nun mit dieser Alltagslogik sehr weit durchs Leben kommen, übertragen wir diese gerne auf die Wechselwirkung mit anderen Menschen. Menschen haben jedoch im Gegensatz zu Steinen mindestens eine Eigenschaft mehr – sie zeigen Stimmungen, Launen, etc. Was heute noch bei einer konkreten Person in einem konkreten Umfeld zu der erwünschten Handlung führte, mag morgen schon genau das Gegenteil bewirken, da derjenige schlecht geschlafen hat oder sich in einem vielleicht veränderten Umfeld befindet. Bei Menschen muss also diese Wenn-dann-Logik als zwingend die Zukunft voraussagende Logik versagen. Obgleich wir sprachlich dies bereits sehr deutlich zum Ausdruck bringen („es könnte sein, dass der Kunde kauft.."; „..möglicherweise mache ich den Umsatz.."; „.. mit hoher Wahrscheinlichkeit.."), wir uns also dahingehend sogar faktisch entlarven, indem wir sprachlich zugeben, dass wir nicht an die linear-kausale Eindeutigkeit zwischen auslösendem Trigger und vorausgesagter Handlung glauben, wollen wir uns partout nicht diesem mechanistischem Denken verabschieden. Typisches Beispiel ist der nach wie vor anzutreffende Besuchsschnitt in einigen Verkaufsbranchen („Wenn Du nur hinreichend Kontakte schrubbst, dann wirst du auch hinreichend Umsatz machen"). Was um allen Willen hat Besuchsfrequenz mit Verkaufserfolg zu tun? Nichts. Oder etwa doch? Es könnte sein. Oder halt auch nicht. Es lebe die Kontingenz. Tertium datur![54]

Komplexe Märkte

Systemisches Verkaufen ist so komplex, wie die menschliche Realität an sich. Es versucht, die komplexen Wechselwirkungen des Marktes zu verstehen, aber nicht zu beherrschen. Alleine der Versuch eine komplexe Wirklichkeit zu beherrschen, in dem man sie auf einfache Wahrheiten versucht herunter zu brechen (denken Sie bitte dabei an die Kundendatenbanken, die sich heute CRM-Lösungen nennen; man bedenke das Wort!), führt dazu, dass ein nicht erheblicher Aufwand getrieben werden muss, um seine Kundenbeziehungen einem elektronisch vorgegebenen Katalog entsprechend zu sortieren. Welche Vorteile dabei für die einzelne Organisation entstanden sind und inwiefern diese in einem gesunden Maße mit den Kosten in Einklang zu bringen waren, mag der Leser für sich alleine entscheiden. Viele dieser Versuche führen letztendlich nur zu einem aufgeblähten Innendienstapparat und zu Zeitverlusten, die es dem Verkäufer nicht erlauben dort zu sein, wo er hingehört – beim Kunden. Welch Paradoxon – der Versuch sich dem Kunden zu nähern, führt bisweilen zum Gegenteil, in dem sich die Organisation mehr um sich als um den Kunden kümmert.

Systemisches Verkaufen lässt sich jedoch als komplexes Ganzes bisweilen auch in seiner Komplexität reduzieren. Dies erfolgt zumeist dadurch, dass man die komplexe Wirklichkeit in lineare Prozesse umwandelt. Bildlich gesprochen wird die multidimensionale Wirklichkeit des Seins auf eine Leinwand projiziert, auf der uns zweidimensional Multidimensionalität vorgetäuscht wird. Zur Verdeutlichung dieser Aussage möge der Leser an die zweidimensionale Abbildung von dreidimensionaler Wirklichkeit auf einem Bild oder einem Diapositiv denken. Diese Vereinfachung darf durchaus durchgeführt werden, so dadurch eine verbesserte Handlungsfähigkeit für den Verkäufer erreicht wird. Es darf jedoch ein Fehler dabei nicht begangen werden – die Verwechslung von der in ihrer Komplexität reduzierter Wirklichkeit (durch Abbildung in Form eines linear-kausalen Prozesses) und der Abbildung. Bildlich gesprochen sind Prozesse die Landkarte (man tut so, als ob Verkaufen nach linearen Prozessen funktionieren würde; dem ist aber nicht so), aber nicht die Landschaft. Solange es einen handlungsfähig macht, darf man so tun, als ob die Landkarte die Landschaft wäre, man darf jedoch nie vergessen, dass es eben halt nur eine Landkarte ist.

Vorteile lineare Prozesse

- Lineare Prozesse besitzen eine niedrige Komplexität, liefern so schnelle Informationen und sind in der Praxis leicht anwendbar.
- schnelle Steigerung der Produktivität
- hohe Transparenz
- leichte Anwendbarkeit für alle Verkaufsmannschaften

Zirkuläre Gedankengebäude, wie die des Systemischen Konstruktivismus, sind in ihrer Komplexität im ersten Moment deutlich anspruchsvoller. Nach kurzer Zeit lässt sich jedoch der Vorteil eines zirkulären Denkens leicht vermitteln. Der hohe Vernetzungsgrad Ihres Verkaufsumfeldes wird dadurch für Ihre Organisation transparent und nutzbar.

Vorteile systemisches Denken
- nachhaltige Verbesserung der Kundenbindung
- besseres Verstehen der "Kundenwelt"
- Abkehr vom Product-Push-Verkaufsansatz
- schnelleres Erkennen von Markttendenzen und Kundenwünschen
- Vermeiden von kostspieligen Produktfehlentwicklungen
- konsequentes Ausrichten ihres Tuns am Kunden
- insgesamt höhere Nachhaltigkeit der Verkaufsaktivitäten

Verkaufspläne scheitern immer wieder, die Ursachen sind bisweilen mannigfaltig. Einer der Hauptgründe ist jedoch, dass die Anbieterorganisation immer wieder gerne die Rechnung ohne den "berühmten" Wirt – ohne den Kunden! – macht.

Nur zu oft lässt sich beobachten, dass Marketing- und Verkaufsmannschaften ihren Kunden als linear planbares Wesen betrachten. Nicht von ungefähr benutzen Unternehmen militärisch geprägte Formulierungen wie "Märkte penetrieren" und "Kundenpotentiale erobern". Dieses lineare Denken ist schick, es ist einfach und bequem, da es einem die Planbarkeit der Zukunft vorgaukelt.

Diese Planbarkeit ist jedoch nicht gegeben. Wir müssen – um handlungsfähig zu bleiben – davon ausgehen. Um eine Planbarkeit annähernd zu erreichen, müssen wir mit denen, die unsere Waren und Dienste in Anspruch nehmen sollen, auch reden. Nur so bekommen wir ansatzweise einen Eindruck von dem, was die Gesamtwirklichkeit aller relevanten Personen ist. Und genau auch nur so bekommen wir die Chance, die nicht ganz irrelevante Wirklichkeitskonstruktion unserer Mitarbeiter, Kollegen, Vorgesetzen und – last but not least – unsere Kunden zu verstehen. Dies zieht

– so man den gedanklichen Ansatz ernst nimmt –, eine veränderte Marketing- und Verkaufsstruktur nach sich.

Diese neue Struktur wird nicht mehr linear geprägt sein, sondern Anbieter und Kunden als Netzwerke verstehen, in denen Kunde und Anbieter gemeinsam auf die gegenseitigen Bedürfnisse der Zukunft eingehen werden. Diese vernetzte Welt wird Ausdruck der Win-Win-Strategie sein, so wie dieses bereits in den 70ern des letzten Jahrhunderts formuliert wurde.

Verkaufsprozesse und Systemisches Denken bzw. Systemisches Verkaufen vereinen sich zu einem Gedankengebäude bzw. "Werkzeugkasten", mit dem sich die benötigte Verkaufsproduktivität ergibt. Damit vereinen sich die geradlinige Kraft der Prozesse – und Vertrieb darf bisweilen schnörkellos sein! –, mit einem Gedankenansatz, der auf die Komplexität heutiger Vertriebslandschaften eingeht. Unsere Antwort auf die Herausforderungen im Verkauf ist die Kombination geradlinig gedachter und effektiv-effizienter Verkaufsprozesse mit einem das Sein als vernetztes Ganzes betrachtendem System. Diese zweifelsohne auf den ersten Blick reichlich philosophisch anmutende Formulierung ist jedoch nicht der Versuch die Ontologie neu zu erfinden, sondern ein äußerst erfolgreicher Ansatz, der Ihnen und Ihren Mitarbeiter helfen wird, ihre Kunden besser zu verstehen.

Kundenbeziehungen

Ohne Kundenbeziehungen ist Alles nichts. Kundenbeziehungen sind die Voraussetzung für das Seinwerden einer Unternehmung. Schaut man in die Realität, so beschleicht einen bisweilen das beklemmende Gefühl, dass nur wenige Unternehmen sich dieser Erkenntnis bewusst sind. Zumindest benehmen sie sich so – bzw. Ihre Mitarbeiter, vom Management bis hin zum Mitarbeiter –, als ob eine Beziehung zum Kunden nicht erwünscht sei. Kunden sollen kaufen und dann sich in Wohlgefallen auflösen. Das böse Wort von Kundenvertrieb als professionelles Instrument des Kundenvertreibens macht die Runde.

Für die, die ein anderes Weltbild haben, mögen die nachfolgenden Überlegungen hilfreich sein. Wiederholen wir hierzu noch mal den einleitenden Satz dieses Abschnitts. Kundenbeziehungen sind die Voraussetzung für das Seinwerden einer Unternehmung. Kundenbeziehungen können damit als die Wechselwirkung des Kunden und der Anbieterorganisation mit einem übergeordneten Ganzen verstanden werden – dem „Uns" bzw. „Wir".

Kundenbeziehungen bzw. das Management derselbigen hat also u. A. etwas damit zu tun, wie wir uns mit dem „wir" in Beziehung setzen. Wollen wir ein „wir", wollen wir ein „ich" oder wollen wir ein „er"? Glauben wir an eine Kooperation auf Augenhöhe oder soll einer der Partner verlieren, auf dass der andere zu gewinnen imstande ist? Damit ist Beziehungsmanagement mehr als nur ein technischer Akt in einer Kundendatenbank namens CRM oder ein Abendessen mit dem Kunden. Beziehungsmanagement wird zu einer Intervention in das Miteinander, so man es denn so anwenden will und dies vom Kunden auch wahrgenommen und akzeptiert wird. Praktisch umgesetzt bedeutet dies für eine jede Verkaufsorganisation, dass sie sich zu überlegen hat, in welcher Beziehung sie zu dem jeweiligen Kunden stehen will. In einem zweiten Schritt ist dann der Kunde zu befragen, wie er dies sehen und mitgestalten will („Welches Schweinderl hätten Sie gerne?"). Abschließend sei an dieser Stelle gesagt, dass nach unserem Dafürhalten der Vertrag zwischen Anbieter und Abnehmer nicht nur ein Regelwerk darstellt, sondern als wichtiges Instrument der Beziehungsausgestaltung verstanden werden kann.

7.1 Systemische Kommunikationsmodelle

Als aus unserer Sicht sehr gut geeignetes Beispiel für die Potenz des systemischen Denkens wollen wir das systemische Kommunikationsmodell vorstellen. Zuvor wollen wir jedoch auf das aktuell wohl bekannteste Kommunikationsmodell nach Schulz von Thun[55] als Beispiel für die linearen Kommunikationsmodelle eingehen. Wir werden dabei versuchen herauszuarbeiten, wo hierbei unseres Erachtens nach die Schwächen liegen bzw. welche Vorteile sich aus dem systemischen Ansatz ergeben.

Dieses Kommunikationsmodell, auch Post-Modell oder Sender-Empfänger-Modell genannt, basiert auf der Annahme, dass der Sender nur hinreichend sensibel für die Kommunikationsbedürfnisse seines Gegenübers zu sein habe, auf dass es zu einer erfolgreichen Kommunikation komme. Kommunikation wird als eine Art Päckchen verstanden, welches passend und adrett verschnürt dem Empfänger zu gefallen habe. Gefällt es, wird es zwangsläufig geöffnet. Die Verantwortung liegt ausschließlich beim Sender, der sich auf sein gegenüber – gefälligst! – einzustellen habe. Ausgeblendet wird dabei die Rolle des Empfängers. Diesem wird somit die Rolle des programmierbaren Rezipienten zugewiesen. Frei nach dem Motto: Ist der Sender gut, hast Du, lieber Empfänger, eh keine Chance. Ein reichlich manipulatives Weltbild. Der Kunde wird damit als Empfänger zum einflusslosen Opfer der von außen auf ihn einwirkenden Botschaften.

Das systemische Kommunikationsmodell hingegen betont die beidseitige Verantwortung für die Kommunikation. Damit wird die Dramatik des Satzes „Nur das, was der Empfänger hört, ist richtig." (Also, lieber Emitter, strampel' mal schön dir einen ab!") deutlich entschärft. Dem Empfänger einer Botschaft wird damit nicht die alleinige Verantwortung des „Päckchens" zugeordnet. Die endgültige Verantwortung, ob das, was der Sender ausstrahlen wollte (kommunizieren wollte), auch vom Empfänger als Kommunikation wahrgenommen wird, obliegt dem Empfänger. Zur Verdeutlichung stellen Sie sich bitte die Problematik der Mimik und der Gestik in der Kommunikation mit vollständig Erblindeten vor. Sie können ihre Hände bewegen, Ihr Gesicht bewegen, wie sie wollen – all dies wird erst gar nicht wahrgenommen und daher vom Blinden auch zwangsläufig auch als nicht vorhandene Kommunikation verstanden. Ihre Bewegungen, die er nicht sieht, „sagen" ihm nichts. Ähnliche Phänomene lassen sich bisweilen im Ehebett beobachten. Er dreht sich um – weil müde – und sie interpretiert dies als Kommunikation des „Lass mich in Ruhe". So sie – die Ehefrau – daraus Kommunikation macht, anders gesagt, so sie seiner Bewegung die Bedeutung von Kommunikation beimisst. Das Beispiel – dies sei dazugesagt – gilt selbstverständlich auch für sich umdrehende Ehefrauen, eingetragene Lebensgemeinschaften und jedwelche andere Formen der Beziehungen. Die Überlegungen zur systemischen Kommunikation kulminieren in dem Satz „Man kann nicht nicht kommunizieren"[56]. Dieser drückt unmissverständlich aus, dass die Verantwortung, ob das gezeigte Verhalten (Worte, Gestik, Mimik, etc., so wie auch das nicht gezeigte Verhalten!) nun Kommunikation ist oder nicht, beim Empfänger verbleibt. Der Sender entscheidet darüber nicht.

Was bedeutet dies nun für den Verkauf? Diese Überlegungen entbinden den Verkäufer von der Pflicht des manipulierenden Kommunikators. Wenn er keine absolute Macht hat, was soll er dann überhaupt erst mit der Manipulation beginnen? Im Gegenzug, es gilt den Schwerpunkt des Tuns auf den anderen zu verlagern, um so heraus zu finden, welche Kriterien er benutzt, um Kommunikation von Nicht-Kommunikation zu unterscheiden. Des Weiteren rücken Feedback-Elemente in den Vordergrund, die es dem Sender erlauben abzufragen, ob der Empfänger ihn verstanden hat.

Ein Beispiel. Ein nicht ganz so produktiver Verkäufer redet und redet und redet. Er weiß zu keinem Zeitpunkt, was dies dem Kunden sagt bzw. ob dies dem Kunden überhaupt was sagt. Ein „guter" Verkäufer versucht Fragen zu stellen, die für den Kunden von Relevanz sein könnten (seine Bedürfnisse zu erfragen, ist für den Kunden hochrelevant!). Anschließend, nachdem er meint diese Bedürfnisse verstanden zu haben, wird er mittels einer (gerne auch mehrere) Bestätigungsfrage(n) versuchen herauszufinden, ob er den Kunden richtig verstanden hat. Kommunikationsmissverständnisse können so schnell aufgedeckt und beseitigt werden. Stellen Sie sich bitte vor Ihrem geistigen Auge vor, was passieren kann, wenn der Verkäufer anstatt zu sagen, dass es dieses oder jenes Produkt in 23 Farben gibt, dazu übergehen würde zu fragen, ob es für den Kunden einen relevanten Unterschied machen würde, wenn es das Produkt in mehr als den beiden Standardfarben Schwarz und Weiß geben würde.

7.2 Warum Verkaufsprozesse funktionieren

Für manchen mag diese Frage akademischer Luxus sein – und wir können die Pragmatiker unter Ihnen dabei sehr gut verstehen! –, nach unserem Dafürhalten sind jedoch die sich bei der Beantwortung ergebenden Aussagen äußerst aussagekräftig. Dahingehend wollen wir uns dieser Frage annehmen.

Verkaufsprozesse sind ganz abstrakt formuliert zuerst einmal simplifizierte Abbildungen einer komplexen Wirklichkeit. Das multifaktorielle Miteinander aus Kunden, Konkurrenz, Markt und Produkten ist an sich in seiner Komplexität nicht überschaubar und beherrschbar. Obgleich das Streben nach Beherrschbarkeit des Seins hinsichtlich seiner Sinnlosigkeit der Suche nach dem Gral gleicht, so ist es dennoch notwendig diese Simplifizierung vorzunehmen, um Handlungsfähigkeit zu erreichen. Als Beispiel sei dabei die Idee des Buying Centers genannt, die eine Fokussierung der Verkaufsaußendienstmannschaft auf die Mitspieler der Abnehmerseite vornimmt. Dieses Buying Center wird nicht in allen Verkaufssituationen idealtypisch aufgebaut sein, dennoch macht es Sinn, den Mitarbeiter bzw. den Verkäufer in sich selbst für gewisse Stereotype, wie z. B. den Budgetholder, zu sensibilisieren, um die Bedeutung des Budgets hervorzuheben.

Prozesse sind strukturierte Arbeitshilfen, die es dem Verkäufer zu erkennen erlauben, wo an welcher Stelle eine Verhaltensänderung für ihn (und seinen Kunden!) konstruktiv ist. Zugleich helfen sie der Führung dahingehend, dass sie als Monitor betrachtet werden können, der anzeigt, ob die angestrebte Verhaltensänderung nachhaltig eingetreten ist.

Verkaufsprozesse wurden in den vorherigen Abschnitten als Aufmerksamkeitsfokussierer bezeichnet. So gesehen stellen Verkaufsprozesse als linear ablaufende und auch linear-kausale Gedankengebäude eine Art Perlenschnur dar, an der sich der Verkäufer orientieren kann. Die Perlen, die es dabei aufzureihen gilt, sind die speziellen Elemente des Verkaufens, auf die gezielt Aufmerksamkeit gelenkt werden soll und muss, dahingehend, dass diese Elemente aus neuralgischen Punkten im allgemeinen bzw. im speziellen der jeweiligen Außendienstmannschaft detektiert wurden. Will heißen, sie stellen die Punkte dar, auf die grundsätzlich geachtet werden muss, bzw. wo die Schwachstellen der Außendienstler sind. Nachdem man durch Definition eines entsprechenden Verkaufsprozesses den Mitarbeitern nun gezeigt hat, worauf in Zukunft gezielt geachtet wird – z. B. Fragetechniken, Verbindlichkeit, Vertrauensaufbau oder Buying Center – und dieses mit einem belohnend-bestrafendem Prämiensystem hinterlegt wurde, kommt es im Sinne einer selbsterfüllenden Prophezeiung zu den Ergebnissen, die man sich im Vorfeld gewünscht hat. Als bildhaftes Beispiel mag der Hundeführer genannt sein, der durch Einsatz seiner Taschenlampe dem geruchstauben Hund den Weg zum Futternapf in dem stockfinsteren Raum weist. Was wird dieser Hundeführer ernten? Einen satten, glücklichen und loyalen Hund.

Beratung und Management erfolgen immer im narrativen Kontext einer Organisation[57]. Demzufolge erzählen uns die Schwachstellen im Vertrieb (dies gilt auch für jede andere Abteilung im Unternehmen) eine Geschichte über die Spielregeln der Organisation, über die Musts und die Donts sowie die ungeschriebenen Gesetze. So sagt uns die Tatsache, dass die Verkäufer nicht mit dem hierarchisch weiter oben angebundenen Kaufbeeinflusser reden, dass zum einen bisher in der Vergangenheit nie darauf seitens der Vertriebsleitung hinreichend geachtet wurde und dass zum anderen möglicherweise eine stark ausgeprägte Hierarchie in der Anbieterorganisation vorherrscht. Oder glauben Sie, dass es einem Mitarbeiter schwer fällt, Senior Executives zu kontaktieren, wenn er Ihr Topmanagement auch sehr leicht zu kontaktieren imstande ist?

| Verhalten Sie sich firmenintern so, wie Sie sich das Verhalten Ihrer Mitarbeiter wünschen. Wenn Sie C-Level-Kontakte durch die Mitarbeiter wünschen, dann sollten Sie und Ihr C-Level-Management erreichbar sein. | **Verkaufstipp** |

Die Handlungen in Ihrer Unternehmung bestimmen u. A. das Verhalten Ihrer Mitarbeiter gegenüber Fremdorganisationen mit. Mit Hinblick auf eine Studie aus dem Hause Miller Heiman[29] und der in dieser publizierten Klage des Befragten (sämtliche waren Topmanagement, Verkaufsleiter, Marketingleiter, etc.), dass die Verkaufsmitarbeiter zu selten das C-Level-Management erreichen, erscheint es uns daher sehr wichtig, Sie darauf hinzuweisen, dass die diesbezügliche Änderung Ihres firmeninternen Verhaltens von großem Einfluss auf das Verhalten Ihrer Mitarbeiter ist.

Ebenso sind Verkaufsprozesse ein narrativer Beitrag zum Verhalten Ihrer Mitarbeiter. Sie „erzählen" was zu tun ist, worauf zu achten ist und was weniger prioritär ist. Über die Wechselwirkung des narrativen Inhalts der Verkaufsprozesse mit dem narrativen Selbstverständnis Ihrer Organisation wird es zur Ausprägung neuer Spielregeln kommen, die idealerweise die Mitarbeiter anhalten, das gewünschte Verhalten zu zeigen, zum Beispiel das Topmanagement der Kundenunternehmung zu kontaktieren, um es für sich zu gewinnen.

Quellenangaben

[1] Wenn wir in diesem Buch von Vertrieb oder Verkauf sprechen, so meinen wir in beiden Fällen die, um die Fragen der Distribution bereinigte, Absatzförderung. Wir gestehen an dieser Stelle unser methodisch unsauberes Vorgehen, indem wir diese beiden Begriffe als Synonym – umgangssprachlichen Spielregeln folgend – verwenden. In beiden Fällen ist damit jedoch der „reine" Verkauf gemeint, Fragen der Distribution sollen an dieser Stelle nicht thematisiert werden.

[2] Winkelmann, *Vertriebskonzeption*, Verlag Franz Vahlen

[3] Fisher, Roger; William Ury; Bruce Patton: *Das Harvard-Konzept. Der Klassiker der Verhandlungstechnik*, Frankfurt, 2004, 22. Auflage

[4] Dietrich Dörner, Die Logik des Misslingens, rororo Verlag

[5] Werner Kruck; *Franz Oppenheimer - Vordenker der Sozialen Marktwirtschaft und Selbsthilfegesellschaft*

[6] John von Neumann, Oscar Morgenstern: *Theory of Games and Economic Behavior.* University Press, Princeton NJ 1944, 2004

[7] Für den weiteren Verlauf des Besuches werden wir abstrahierend von Leistungen sprechen als dem Gegenstand der zu vermarktenden Produkte und Dienstleistungen. Sollte aus dem Kontext heraus eine Unterscheidung von Nöten sein, so werden wir dies im Einzelfall verdeutlichen.

[8] Markus Ebert, *Die Informationsquelle Verkaufsgespräch*, Fachhochschule Südwestfalen, 2005, Archivnummer: V53831

[9] Peter F. Drucker, *The Effective Executive*. London: Heinemann, 1967

[10] Proudfoot-Studie „Produktivität im Betrieb", 2005

[11] Huckemann, Bußmann, Dannenberg, Hundgeburth, „*Verkaufsprozessmanagement*", Hermann Luchterhand Verlag

[12] Zur Theorie des 1898 von Elmo Lewis entwickelten AIDA-Modells verweisen wir auf das Internet als Informationsquelle. Hier findet sich ausreichend Information zu den Vor- und Nachteil dieses Modells aus heutiger Sicht.

[13] Wir verwenden an dieser Stelle eine Begrifflichkeit aus der sprachlichen Welt Miller Heimans, einem der führenden Anbieter von kommerziell erwerbbaren Verkaufsprozessen.

[14] In der Literatur findet sich ein weiterer Ansatz. Dieses Promotorenmodell nach Witte hebt mehr auf die Natur des Verkaufsvorgangs als Entscheidungsprozess ab, soll jedoch aus Gründen der Praxisnähe an dieser Stelle nicht thematisiert werden. Eine kurze Zusammenfassung finden Sie im Kapitel „Key Account Management".

[15] Webster, Frederick, *Organizational Buying Behaviour*, Englewood Cliffs, NJ, 1972

[16] Dem Thema der Verkaufsprozesse haben sich einige kommerzielle Anbieter verschrieben. In den meisten Fällen dominieren 5-Typen-Modelle. Miller Heiman verkürzt auf ein 4-Typen-Modell, in dem man die Rolle des „Gatekeepers" und des „Technischen Einkaufs" in einer Funktionalität vereint. Diese Vorgehensweise erscheint plausibel, da die Übersichtlichkeit und somit ein gutes Handling des Buying Centers im Alltag des Vertriebsmitarbeiters gewahrt bleibt.

[17] Einführung einer weiteren Gesundheitsreform, der GKV-WSG

[18] In diese Auflistung flossen die Buying Center Modelle mehrerer kommerzieller Anbieter an, bzw. die Vorschläge, wie sie ursprünglich durch Webster und Wind publiziert wurden.

[19] Webster, F.E. jr., Wind, Y., "*A General Model for Understanding Organizational Buyer Behavior*" in: Journal of Marketing, Vol. 36, April 1972

[20] Fritz B. Simon, *Gemeinsam sind wir blöd*, Carl-Auer Verlag, 2. Auflage 2006, Seite 30-31

[21] Ruch/Zimbardo, *Lehrbuch der Psychologie*. Eine Einführung für Studenten der Psychologie, Medizin und Pädagogik, S. 366, Springer Berlin 1974

[22] Bateson, Gregory/Haley, Jay/Jackson, Don D./ Weak-land, John: *Vorstudien zu einer Theorie der Schizophrenie*, 1956

[23] Wir definieren Leads als Verkaufsziele, die noch nicht zu Opportunities geworden sind. Diese unterscheiden sich von den Opportunities dadurch,

dass ein Lead noch nicht zwingend verlangt, dass das Kaufbudget definiert ist. Die Beantwortung der Frage „Gibt es ein Budget, wenn ja, in welcher Höhe, und sind Sie – der Kunde – auch bereit dieses mit uns zu „teilen"?", definiert nach unserem Dafürhalten den Übergang eines Leads zu einer Opportunity. Die Anglizismen seien uns an dieser Stelle bitte nachgesehen, aber die Arbeit mit internationalen Verkaufsorganisation und die sich aus unserer Sicht als mangelhaft darstellende Griffigkeit der deutschen Sprache, zieht diese Wortwahl nach sich. Für die Puristen der deutschen Sprache seien an dieser Stelle die Worte Verkaufsziel (Lead) und Verkaufsgelegenheit (Opportunity) vorgeschlagen.

[24] Vergleichen Sie bitte hierzu die Aussagen der *Miller Heiman Sales Productivity Study 2004* („Preis als einziger Differentiator").

[25] Homburg, Schäfer, Schneider, *Sales Excellence*, Gabler Verlag 2006

[26] Der Begriff der „euphorischen" Kaufbereitschaft erscheint uns wenig geglückt. Wir empfehlen an dieser Stelle die Verwendung bildhafter Begriffe, die dem Außendienstmitarbeiter die „Idee" dieses Begriffes verdeutlichen. So ließe sich zum Beispiel das Wort „Frusthaltung" oder „Verneinungsbereitschaft" bzw. „Misere" verwenden. Wir weisen daraufhin, dass Worte per se intervenierender Natur sind und daher die Begriffe mit Bedacht auf das jeweilige Verkaufsumfeld und Mitarbeiterklientel anzupassen sind.

[27] The new strategic Selling, Robert B. Miller, Stephen E. Heiman, und Tad Tuleja, 2005, Verlag B&T

[28] Diese Mär mag gerne auch auf gleichgeschlechtliche Beziehungsanbahnung umgedeutet werden. Bei der Wahl der heterosexuellen Anpaarung war es nicht Sinn, andere Formen der Lebensgemeinschaften zu diskriminieren.

[29] Miller Heiman Research Study 1999-2001

[30] Hans D. Sidow, Key Account Management, MI Verlag, 2000

[31] G. Bateson, *Ökologie des Geistes*. Anthropologische, psychologische, biologische und epistemologische Perspektiven, Suhrkamp 1981

[32] Cicero, *de divinatione*, 2,24,51

[33] Belz, Müller, Zupancic, *Das St. Galler Key Account Management-Konzept*, Gabler 2002

[34] Homburg, Schäfer, Schneider, *Sales Excellence*, Gabler Verlag 2006, 4. Auflage, S. 313

[35] Homburg, Schäfer, Schneider, *Sales Excellence*, Gabler Verlag 2006, 4. Auflage, S. 315

[36] Wir empfehlen an dieser Stelle das Buch „Die Mäusestrategie für Manager" von „Spencer Johnson", welches auf sehr bildhafte Art und Weise die Prinzipien des Change Managements verdeutlicht. Hier an dieser Stelle verwenden wir die dabei zugrunde gelegten Gedanken zum Hinweis auf die menschliche Tendenz, dann träge und faul zu werden, wenn vermeintlich keine Gefahren drohen. S. Johnson, Die Mäusestrategie für Manager, Hugendubel 2007

[37] E. Witte, *Organisation für Innovationsentscheidungen - Das Promotoren-Modell*. Schwartz, Göttingen 1973

[38] B. Minchington, *Your Employer Brand attract-engage-retain*, Collective Learning Australia 2006; E. Michaels, H. Handfield-Jones, B. Axelrod, *The war for talent*. Boston (Mass.): Harvard Business School Press 2001

[39] Entität ist in der Philosophie ein Sammelbegriff, der alles Existierende bezeichnet. So werden Gegenstände, Eigenschaften, Prozesse usw. als Entitäten zusammengefasst.

[40] Nach dieser Regel ist davon auszugehen, dass der Verkaufsprozess aus 3 Stufen besteht. Um die notwendigen Schlagzahlen zu bestimmen, geht die Regel davon aus, dass in der höheren Schicht 7 mal mehr Kontakte vorhanden sein müssen, um die gesteckten Ziele zu erreichen. So ist dieser Regel folgend davon auszugehen, dass 7 mal 7, also ca. 50 Kontakte dafür zu „schrubben" sind, um einen Kunden zu kontraktieren.

[41] Wir benutzen an dieser Stelle die Idee des „Hebens", obgleich die Opportunity bzw. das Lead im Trichter sich formal nach unten bewegt. Dieser Gedanke des „Anhebens" entspricht dem Grundgedanken, dass die Verkaufsgelegenheit „promoviert", d.h. erhöht wird, dahingehend ihr „Wert" sich immer mehr steigert.

[42] Miller Heiman 2006; Bei uns erhältlich; www.vertriebsprozess.com

[43] Peter F. Drucker: *Die Praxis des Managements*. Econ Verlag, Düsseldorf 1998

[44] W. Böckmann, *Wer Leistung fordert, muss Sinn bieten*, ECON 1990

[45] F. Malik: *Gefährliche Managementwörter*, FAZ 2005

[46] F. Malik, *Führen Leisten Leben*, Wilhelm Heyne Verlag, 2001

[47] Pauwles hat mit seinen Theorien zur Knochenbildung indirekt einen entscheidenden Beitrag zum Thema der kreativen Unruhe geleistet. Durch das genetisch determinierte Bestreben minimale Abweichungen von der Idealform (Idealstruktur) zu erzielen, versetzt der Körper (Organisationsform, Unternehmung) sich selbst in die Lage, sich erneut prüfen und optimieren zu müssen. Die Pauwles'schen Arbeiten implizieren, dass es für die Optimierung von Systemen - und somit auch Unternehmungen - als sinnvoll anzusehen ist, gezielt und hinreichend oft Störtrigger einzubauen. So erfährt die Unternehmung die Chance zur Reorganisation und zum kreativen Überdenken der eigenen Werte, Abläufe und Ziele.

F. Pauwles, Überblick über die mechanische Beanspruchung des Knochens und ihre Bedeutung für die funktionelle Anpassung, Z. Orthop, 111, 1973b; Langenbeck's Archives of Surgery, Springer Berlin / Heidelberg 1435-2443 (Print) 1435-2451 Volume 361, Number 1 / Dezember 1983

[48] H. Maturana, *Baum der Erkenntnis*, Goldmann Verlag, 1987

[49] Kurt Gödel: *Über formal unentscheidbare Sätze der Principia Mathematica und verwandter Systeme I.* Monatshefte für Mathematik und Physik 38, 1931, S.173-198

[50] F. Casiro, Francis, *Das Hotel Hilbert*, Spektrum der Wissenschaft Spezial, 2/2005, Unendlich (plus eins), Seite 76-80

[51] Fritz B. Simon, *Gemeinsam sind wir blöd*, Carl-Auer Verlag, 2. Auflage 2006, Seite 240

[52] Peter F. Drucker, *The Age of Discontinuity*, London 1969

[53] N. Luhmann, *Soziale Systeme*, Suhrkamp 1987; G. Bateson, M. Bateson, *Wo Engel zögern*, Suhrkamp 1993; P. Watzlawick, *Die erfundene Wirklichkeit*, Piper 1985

[54] Luitzen Egbertus Jan Brouwer, *Begründung der Mengenlehre unabhängig vom logischen Satz vom ausgeschlossenen Dritten,* Erster Teil, Allgemeine Mengenlehre" in *Koninklijke Akademie van Wetenschappen te Amsterdam, Verhandelingen* 1e sectie, deel XII, no 5 (1918)

[55] F. Schulz von Thun: *Miteinander reden 1 - Störungen und Klärungen. Allgemeine Psychologie der Kommunikation.* Rowohlt, Reinbek 1981; *Miteinander reden 2 - Stile, Werte und Persönlichkeitsentwicklung. Differentielle Psychologie der Kommunikation.* Rowohlt, Reinbek 1989; *Miteinander reden 3 - Das 'innere Team' und situationsgerechte Kommunikation.* Rowohlt, Reinbek 1998

[56] P. Watzlawick, J. Beavin, D., Jackson, *Menschliche Kommunikation. Formen, Störungen, Paradoxien.* Huber, Bern 2000

[57] M. Löbbert, *Storymanagement. Der narrative Ansatz für Management und Beratung,* Klett-Cotta 2003